网店美工与视觉营销

淘宝、京东、拼多多、抖音、快手店铺装修

蒋珍珍 编著

化学工业出版社

·北京·

内 容 简 介

《网店美工与视觉营销：淘宝、京东、拼多多、抖音、快手店铺装修》是一本讲解网店美工与视觉设计的实例操作型教程，可以帮助广大网店店主或自媒体"达人"，通过美工与视觉，提高店铺流量与成交转化率。

本书分两条线来讲解网店美工与视觉营销。一条是横向案例线，对各种类型的素材进行后期特效制作，包括网店首页、海报广告、商品详情页、带货短视频以及产品主图等的制作方法。另一条是纵向技能线，介绍了Photoshop与剪映等工具的核心技法，包括视觉设计、视觉营销、商品摄影、调色精修、抠图合成等。帮助读者快速掌握网店美工与视觉营销的精髓。

本书适合于网店运营者，特别是在淘宝、京东、拼多多、抖音、快手上开店的读者，同时也可以作为各类电子商务、视觉传播等相关专业的学习教材。

图书在版编目（CIP）数据

网店美工与视觉营销：淘宝、京东、拼多多、抖音、快手店铺装修 / 蒋珍珍编著. —北京：化学工业出版社，2022.1（2023.4重印）

ISBN 978-7-122-40014-7

Ⅰ. ①网… Ⅱ. ①蒋… Ⅲ. ①电子商务－网站－设计 Ⅳ. ①F713.361.2

中国版本图书馆 CIP 数据核字（2021）第 209931 号

责任编辑：刘　丹　　　　　　　　　　　　美术编辑：王晓宇
责任校对：宋　夏　　　　　　　　　　　　装帧设计：水长流文化

出版发行：化学工业出版社（北京市东城区青年湖南街13号　邮政编码100011）
印　　装：北京捷迅佳彩印刷有限公司
710mm×1000mm　1/16　印张14½　字数204千字　2023年4月北京第1版第2次印刷

购书咨询：010-64518888　　　　　　　　　售后服务：010-64518899
网　　址：http://www.cip.com.cn
凡购买本书，如有缺损质量问题，本社销售中心负责调换。

定　　价：78.00元　　　　　　　　　　　　　　　　　　版权所有　违者必究

前 言

随着电商的快速发展，网络购物已经成为人们生活的一部分，淘宝、京东、拼多多、抖音和快手是目前发展很不错的电商平台，然而电商平台的迅猛发展导致了商品同质化、价格透明化，意味着卖家要想提高客流量和转化率，已经不能再像过去那样大打价格战，除了要在营销推广等方面下功夫，网店的美工设计也是一大要点。

如何通过图片与文字的恰当搭配，让自家店铺的商品在众多竞争对手中脱颖而出，吸引用户点击浏览并下单购买，是每家网店进行店铺装修时都必须考虑的问题。本书以淘宝、京东、拼多多、抖音和快手五个平台为例，结合大量实例，讲解店铺美工与广告设计的重点知识与技能。

◆ **美工入门篇：**第1～3章，讲解了网店美工视觉设计、视觉营销的表现形式等内容，对于商品的布光、构图以及拍摄也进行了详细讲解。

◆ **核心技法篇：**第4～7章，讲解了商品图像颜色的填充与精修、商品素材的抠图与合成、商品图片与文字的编排等内容，对于视频剪辑技巧也进行了详细讲解。

◆ **案例实战篇：**第8～12章，讲解了五大平台的网店案例设计，如美妆网店设计、女鞋广告设计、抱枕网店详情页设计、图书秒杀视频制作以及快手产品主图设计等内容。

完备的功能查询：菜单、命令、选项面板、理论、范例等应有尽有，非常详细、具体，不仅是一本速查手册，更是一本自学即用手册。

全面的内容介绍：Photoshop软件功能结合网店装修实例，介绍全面、详细，让读者快速掌握软件使用技巧及店铺装修设计技能。

丰富的案例说明： 12章节内容全面讲解，5个平台的案例实战，以实例讲理论的方式，进行了实战的演绎，让读者可以边学边用。

细致的选项讲解： 640多张图片全程图解，操作步骤讲解详细，图文结合的方式让网店装修变得更容易让人快速领会。

超值的赠送光盘： 225分钟书中所有实例操作重现的演示视频，150多款与书中同步的素材与效果源文件，可以随调随用。

本书由蒋珍珍编著，在编写过程中提供帮助的有朱银彬、胡杨等人，在此表示感谢。由于笔者学识所限，书中难免有疏漏之处，恳请广大读者批评、指正。

编著者

二维码资源使用

1. 第4、5、7~12章提供教学视频和成品效果，读者在各章分别扫码即可查看。
2. 书中同款素材下载，请扫此二维码

目录

第1章 视觉设计：掌握美工的原则　001

1.1 设计元素：网店视觉设计的3个关键点 /002
- 1.1.1 点元素的设计要点 /002
- 1.1.2 线元素的设计要点 /002
- 1.1.3 面元素的设计要点 /003

1.2 视觉信息：以视觉为沟通和表现的方式 /004
- 1.2.1 视觉时效性：抢占用户第一印象 /004
- 1.2.2 视觉利益性：锁定第一利益敏感词 /005
- 1.2.3 视觉信任感：加入最佳服务信息 /006
- 1.2.4 视觉认同感：利用名人提升好感度 /006
- 1.2.5 视觉价值感：抓住消费者取向和喜好 /006
- 1.2.6 视觉细节感：重点突出，细节到位 /007

1.3 视觉出彩：丰富网店页面的色彩与布局 /008
- 1.3.1 了解色彩常识 /008
- 1.3.2 网店配色方案 /011
- 1.3.3 网店配色技巧 /014

第2章 视觉营销：丰富的表现形式　015

2.1 视觉元素：点亮图文设计思路 /016
- 2.1.1 LOGO的表现元素 /016
- 2.1.2 口号的表现元素 /019
- 2.1.3 活体的表现元素 /021
- 2.1.4 色彩的表现元素 /022

2.1.5 字体的表现元素 / 023

2.2 表现形式：电商视觉营销策略详细讲解 / 024

2.2.1 凸显：重点信息的视觉位置 / 024
2.2.2 舒适：陈列信息的视觉布局 / 025
2.2.3 契合：场景与产品的视觉带入 / 026
2.2.4 至简：迅速获取信息的视觉效果 / 027
2.2.5 通感：调动联想的视觉逼真效果 / 027

2.3 视觉认知：小心误区 / 028

2.3.1 图片内容堆积 / 028
2.3.2 页面布局失调 / 028
2.3.3 视觉效果杂乱 / 030
2.3.4 图多而无亮点 / 031
2.3.5 风格定位不明 / 031

第3章 商品摄影：拍摄精美的素材　033

3.1 布光高手：简易的布光拍摄效果 / 034

3.1.1 拍摄吸光体商品 / 034
3.1.2 拍摄反光体商品 / 034
3.1.3 拍摄透明体商品 / 035

3.2 构图运用：超实用的商品构图技巧 / 036

3.2.1 黄金分割构图法 / 036
3.2.2 三分构图法 / 037
3.2.3 均分构图法 / 038
3.2.4 疏密相间构图法 / 038
3.2.5 远近结合构图法 / 039
3.2.6 明暗相间构图法 / 039

3.3 拍摄技巧：淘宝产品摆放与拍摄技法 / 040

3.3.1 摆放要合理 / 040

3.3.2 多拍细节图 / 042

3.3.3 真实感要强 / 043

第4章 调色精修：让商品夺人眼球　045

4.1 颜色填充：丰富网店商品图像 / 046

4.1.1 填充商品单色背景 / 046

4.1.2 填充商品混色背景 / 047

4.1.3 填充商品预设颜色 / 051

4.1.4 快速填充商品颜色 / 052

4.2 颜色精修：美化网店商品图像 / 054

4.2.1 恢复商品真实色彩 / 054

4.2.2 校正商品图像偏色 / 055

4.2.3 调整商品图像色调 / 056

4.2.4 增加商品图像细节 / 057

4.2.5 丰富商品图像层次 / 058

4.2.6 调整商品图像的亮度范围 / 059

4.2.7 调整商品整体明暗 / 061

4.2.8 调节商品图像部分明暗 / 064

4.2.9 提升商品图像质感 / 065

4.2.10 打造商品图像的冷暖调 / 066

4.2.11 提升商品图像视觉冲击力 / 068

第5章 抠图合成：让美工深入人心　070

5.1 素材处理：简单抠图在店铺装修中的应用 / 071

5.1.1 抠取特定颜色的商品图像 / 071

5.1.2 抠取半透明的商品图像 / 072

5.1.3 抠取外形规则的商品图像 / 074

5.1.4 抠取外形不规则的商品图像 / 075

5.2 素材强化：精致图像点亮店铺页面 / 077

5.2.1 抠取多轮廓的商品图像 / 077

5.2.2 抠取图像局部边界不清晰的商品图像 / 079

5.2.3 抠取图像与背景相近的商品图像 / 082

5.2.4 抠取透明的商品图像 / 084

5.3 图像合成：提高商品点击率的秘密 / 086

5.3.1 合成装饰元素让画面更丰富 / 086

5.3.2 添加半透明水印防止被盗图 / 088

5.3.3 制作边框效果让版式更分明 / 089

第6章 图文编辑：吸引消费者　　091

6.1 文字应用：字体赋予页面竞争力 / 092

6.1.1 文字要易于识别 / 092

6.1.2 文字的层次感要强 / 093

6.1.3 清晰地表达文字信息 / 094

6.1.4 把握好文字的间距 / 094

6.1.5 适当设置文字的色彩 / 095

6.2 图片处理：让商品更有吸引力 / 096

6.2.1 视觉设计需富有创意 / 096

6.2.2 色彩设计能绚丽夺目 / 096

6.2.3 视觉灵魂蕴含丰富 / 097

6.2.4 动图会产生动感效果 / 098

6.3 5个图文优化创意的方法 / 098

6.3.1 用一秒法则传达信息 / 098

6.3.2 抓住消费者的需求痛点 / 099

6.3.3 提高点击的5个关键 / 100

6.3.4 提炼产品的核心卖点 / 101

6.3.5 突出产品的使用效果 / 101

第7章 视频剪辑：好内容引爆销量　102

7.1 视频剪辑：手把手教会你做影视后期 / 103

7.1.1 导入需要的视频片段 / 103

7.1.2 剪辑多余的视频片段 / 104

7.1.3 对视频进行变速处理 / 105

7.1.4 添加开场动画效果 / 106

7.1.5 添加视频画面特效 / 107

7.1.6 添加转场动画效果 / 110

7.1.7 添加视频滤镜效果 / 114

7.1.8 制作视频背景效果 / 116

7.2 增加元素：添加文字和背景音乐 / 118

7.2.1 在视频中添加文字 / 118

7.2.2 给视频添加背景音乐 / 120

7.2.3 给视频添加场景音效 / 121

7.2.4 导出成品视频画面 / 123

第8章 淘宝设计：网店首页元素制作　126

8.1 店铺视觉：获得消费者的认可和赞同 / 127

8.1.1 做好店铺的视觉定位是第一步 / 127

8.1.2 优化店铺结构进行合理布局 / 129

8.1.3 店铺首页布局打造更强信任感 / 130

8.2 装修设计：制作高转化率店铺页面 / 131

8.2.1 设计店铺导航条 / 132

8.2.2 设计网店的店招 / 135

8.2.3 设计店铺的首页 / 138

8.3 美妆网店：店铺装修实战步骤详解 / 143

8.3.1 设计美妆店铺店招和导航条 / 144
8.3.2 设计美妆店铺首页欢迎模块 / 147
8.3.3 设计美妆店铺促销方案 / 148
8.3.4 设计美妆店铺商品展示区 / 151
8.3.5 设计美妆店铺商品热销区 / 156

第9章 京东设计：网店海报广告制作 160

9.1 广告设计：增加网店广告的点击率 / 161

9.1.1 搭配颜色调和字体 / 161
9.1.2 用创意素材抓突破点 / 162
9.1.3 内容全面重点突出 / 162
9.1.4 结构清晰主次分明 / 162
9.1.5 视觉化设计加产品介绍 / 163

9.2 广告视觉：通过视觉设计提升转化率 / 164

9.2.1 用京选展位提升商品点击率 / 164
9.2.2 在产品内页中融入视觉卖点 / 165
9.2.3 重视连续卖点的组合设计 / 167
9.2.4 注重主题视觉 提升商品转化率 / 168
9.2.5 实现技术设计 阐述产品卖点 / 169

9.3 广告实战：女鞋广告设计步骤详解 / 169

9.3.1 制作女鞋广告的背景效果 / 170
9.3.2 制作女鞋广告的文字说明 / 171

第10章 拼多多设计：商品详情页制作 175

10.1 详情页元素：决定商品成交的关键 / 176

10.1.1 商品主图的视觉设计 / 176

10.1.2 商品搭配专区的视觉设计 / 176

10.1.3 商品细节展示区的视觉设计 / 178

10.2 详情页设计：决定商品成交的关键 / 178

10.2.1 理清视觉设计的逻辑关系 / 178

10.2.2 提炼绝佳的视觉创意 / 180

10.2.3 运用色彩传递视觉信息 / 181

10.2.4 视觉构图必须协调完整 / 183

10.2.5 视觉设计风格统一 / 183

10.2.6 设计完美视觉化文案 / 184

10.3 详情页实战：抱枕网店详情页设计 / 185

10.3.1 制作背景直线装饰效果 / 185

10.3.2 制作抱枕细节展示效果 / 186

10.3.3 制作抱枕细节文字说明 / 187

第11章 抖音设计：带货短视频制作　189

11.1 带货技巧：打造高转化的爆款视频 / 190

11.1.1 寻找卖点：用视频展现精华内容 / 190

11.1.2 设计脚本：根据卖点拍摄短视频 / 192

11.1.3 后期剪辑：提高播放量的小技巧 / 193

11.2 图书秒杀：抖音带货短视频制作步骤详解 / 194

11.2.1 对素材进行剪辑和变速处理 / 195

11.2.2 添加转场让素材自然衔接 / 197

11.2.3 应用蒙版制作片尾效果 / 199

11.2.4 添加字幕和背景音乐 / 201

第12章 快手设计：高点击主图制作　　207

12.1　主图设计：商品主图的基本要求　/ 208
12.1.1　紧抓消费者的需求　/ 208
12.1.2　精练表达商品优势　/ 208

12.2　设计技巧：9类热门主图的创作技巧　/ 209
12.2.1　利益吸引　/ 209
12.2.2　数字展示　/ 209
12.2.3　感情渲染　/ 210
12.2.4　理想描述　/ 210
12.2.5　对比策略　/ 211
12.2.6　主动提问　/ 211
12.2.7　震惊表达　/ 213
12.2.8　事件借力　/ 213
12.2.9　气氛渲染　/ 214

12.3　主图实战：快手产品主图设计实战详解　/ 215
12.3.1　制作电脑主图的背景效果　/ 215
12.3.2　制作电脑主图的文字效果　/ 217

第1章

视觉设计：
掌握美工的原则

视觉营销，英文为Visual Merchandising，缩写为VM或者VMD。随着电商平台的迅速发展，如何在网店运营中利用视觉营销提高品牌知名度、创造利益，成为网店运营者关注的重点，也是难点。本章主要介绍视觉营销的入门知识，以及相关的视觉设计元素等内容。

1.1 设计元素：网店视觉设计的3个关键点

网店运营者只有注重视觉设计，才能保证良好的视觉营销效果。基本的视觉图形主要分为点、线、面三类。本节主要对视觉设计元素中的点、线、面进行详细介绍。

1.1.1 点元素的设计要点

点，属于最简单的视觉图形，当它被合理运用时能产生良好的视觉效果。在电商平台的视觉营销中随处可见视觉图形点的运用，例如伊芙丽品牌的圆点连衣裙，如图1-1所示。这件连衣裙以墨绿色为底，使用白圆点进行点缀，圆点视觉元素的运用，增加了产品亮点的同时，通过对点的有序排列，给消费者带来了良好的视觉享受，能快速地抓住消费者的眼球。

图1-1 伊芙丽的产品图

再看意大利著名品牌芬迪设计的一款牛皮信封包，黑色与黄色两种色彩的视觉碰撞，给人优雅温婉的感觉。圆形的金属扣置于视觉中心，所塑造的视觉焦点让产品有着经久耐看的视觉效果，体现了产品的设计特色，如图1-2所示。

图1-2 芬迪的牛皮信封包

1.1.2 线元素的设计要点

线和点不同的地方在于，线构成的视觉效果是流动性的，富有动感。图1-3所示为柔和的线条组成的视觉效果图，简单的几根线条加上线条间的明暗变化，给人一种舒适的视觉享受，同时也能够在消费者心中留下深

图1-3 富有动感的线条广告

刻印象。

在电商平台中,通过线条营造富有动感的视觉效果,能有效地突出产品个性。图1-4所示为OPPO Find X3手机,画面的主色调为纯黑色,纯色的背景使整个画面简洁利落,突显出手机的流线设计,提升了手机的整体质感。线条之间相互融合,不仅能有效突显出这款手机3D曲面的特点,还能吸引消费者的关注,给消费者带来强烈的视觉冲击,增加消费者对这款产品的记忆点。

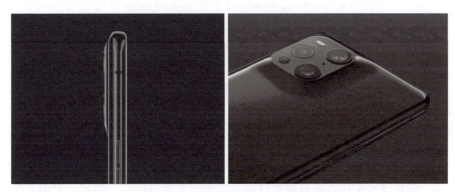

图1-4　OPPO Find X3手机的广告

1.1.3 ● 面元素的设计要点

面是点放大后的呈现形式,通常包含各种不同的形状,如三角形、正方形、圆形以及不规则的形状等。

图1-5所示为相机品牌富士INSTAX青春限定礼盒的效果图,图中的背景由两个主要色块组成,突显了正中间的礼盒。礼盒上不规则的形状组合以及色彩,使整张效果图富有生机和动感,给人一种明快之感,体现出产品的年轻态,向消费者有效传达了INSTAX青春限定礼盒的设计理念。

图1-5　相机品牌富士INSTAX青春限定礼盒

图1-6所示为天猫美妆首页广告图,它采用了浅绿色的形似化妆包的扇形图形,突出了广告推送的美妆类产品特征,用粉红色的字体吸引消费者的目光,与天猫表白季的主题"525爱自己"相呼应,总的来说,给人带来一种舒适的视觉效果。

图1-6 天猫美妆首页广告图

企业与商家在视觉营销中可以采用不同平面的拼接、组合,突出产品的卖点,从而使产品的视觉效果更加丰富。不同板块的衔接、不同色彩的组合带来的强烈视觉对比,向消费者呈现出良好的视觉效果,从而达到视觉营销的目的。

1.2 视觉信息:以视觉为沟通和表现的方式

视觉营销归根结底是信息传递的过程,利用表达效果较好的视觉表达方式向消费者传递有关信息,引起消费者关注,最终达到营销目的。因此,在视觉营销过程中,应注重视觉信息表达的准确、到位。本节主要向读者介绍视觉营销中视觉信息传达的相关知识。

1.2.1 视觉时效性:抢占用户第一印象

时间在视觉营销中占据着举足轻重的地位,因为时间的把握对于视觉效果的打造和推出很重要。在这个信息大爆炸的时代,信息不仅繁杂,而且发布和传播都很迅速,如果想要引起消费者的关注,就要抢占最佳时机,做到分秒必争。

如全球著名品牌VALENTINO就十分懂得把握时机,与其他品牌营销策略不同的是,它进入美妆市场的初步举措就是推出了史上首个全彩妆系列产品。据悉,从它公布产品的照片和细节到开始发售只用了7天时间。VALENTINO在营销过程中不仅提前获知美妆市场的缺口从而抢占先机,其视觉效果的打造和推出也抢占了用户的第一印象。

那么,企业和商家应该如何保证视觉时效性,抢占消费者的第一印象呢?相关分析如图1-7所示。

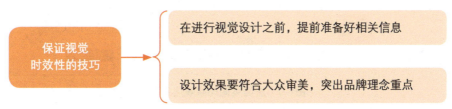

图1-7 保证视觉时效性的技巧

1.2.2 视觉利益性:锁定第一利益敏感词

要想利用视觉效果传递令消费者感兴趣的信息,首先就应该锁定消费者的基本利益需求。一般而言,当消费者在浏览信息时看到了赠送、优惠等字眼时,就容易激起购买欲,从而点进商品页面进行购买。因此,企业和商家可以通过放大字体、颜色对比等方法重点传达此类信息。图1-8所示为阿玛尼在淘宝的广告图。

图1-8 阿玛尼广告图

1.2.3 视觉信任感：加入最佳服务信息

基于在线购物的虚拟性，很多消费者对产品以及商家都没有足够的信任感，因此在传达信息的时候加入售后服务热线、退货服务等信息能够让消费者放心购物，从而提高店铺的转化率。

图1-9所示为法国贝德玛旗舰店首页的相关信息。在这张图中，通过贝德玛对自身产品100%正品以及退换货的保证，可以看出其完整的发售和售后服务体系，这是树立企业或店铺形象的保证。

图1-9 法国贝德玛旗舰店首页

> **专家指点**
>
> 在视觉营销过程中，商家应为消费者提供真实可信的产品信息，以及相关的产品服务信息，从而增加消费者对产品以及商家的信任度，最终提高商品的销售额。另外，在视觉营销中加入优质的服务信息，有利于增强消费者对店铺的好感，扩大品牌影响力。

1.2.4 视觉认同感：利用名人提升好感度

在传达视觉信息的时候，企业和商家可以利用大家喜爱的明星或者名人来获取消费者的认同，提升消费者的好感度，从而为产品的营销活动提供更多的关注，最终提高产品销售量，达到视觉营销的目标。

1.2.5 视觉价值感：抓住消费者取向和喜好

传达信息要准确，并且要分配好每个页面的具体作用，而做好这些工作的基础就是深度了解目标受众的取向和喜好，体现视觉信息的价值感。在页面中传达信息时，可以在页面上直接注明重要信息，起到突出和强调的作用。值得注意的是，标注的信息要注重语言的提炼，注重核心信息点的传达。

图1-10所示为饮食伙计魔芋蛋糕广告图。该广告图对"0添加"重要信息的清晰描述，让消费者一目了然。这张广告图将此产品的特点最大限度地投放给消费者，成功地抓住了消费者的取向和喜好。

图1-10　饮食伙计魔芋蛋糕广告图

1.2.6　视觉细节感：重点突出，细节到位

在传递视觉信息时要注重视觉细节到位。这里的细节到位不是说面面俱到，越详细越好。因为图形的范围有限，消费者能够接受的信息也是有限的。如果一味地追求细节，就会陷入满屏的信息之中，无法突显重点。那么，怎样才能让视觉的细节到位呢？相关分析如图1-11所示。

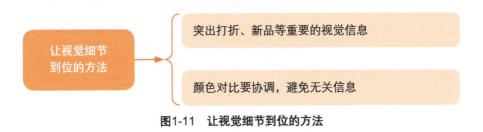

图1-11　让视觉细节到位的方法

> **专家指点**
> 人的视觉是不可能看到所有细节的，因此视觉设计只要突出想要传达的信息就好了。多余的细节只会造成画面的混乱，影响消费者对重要信息的获取，继而导致视觉营销效果不佳。

图1-12所示为水密码雪颜萃系列产品的宣传图。图中标题突显了主推产品的功效，即"水滢亮白，如雪美肌"。在视觉设计上，整个画面以蓝色与白色为主，以湛蓝的海水为背景，清爽自然，符合产品的定位。同时图片中要素分配合理，重点突出，细节到位。

图1-12 水密码雪颜萃系列产品的宣传图

1.3 视觉出彩：丰富网店页面的色彩与布局

在电商平台中，大多数的店铺如何运用色彩搭配来打造自身产品是视觉设计中非常关键的环节。如果想要以视觉取胜，那么色彩搭配就要最大化地将产品特质呈现出来。本节将为读者讲述网店页面的色彩搭配技巧。

1.3.1 了解色彩常识

在大自然中，我们经常见到这样一种现象：不同颜色的物体被笼罩在一片金色的阳光之中；或被笼罩在一片轻纱薄雾似的、淡蓝色的月色之中；或被笼罩在秋天迷人的金黄色中；或被笼罩在冬季银白色之中。在不同颜色的物体上，笼罩着某一种色彩，使不同颜色的物体都带有主要的色彩倾向，这种起主导作用的颜色就是色彩的基调（简称色调）。

色调指的是图片画面色彩的总体倾向，是大方向的色彩效果。在网店页面设计的过程中，往往会使用多种颜色来表现形式多样的画面效果，但总体都会持有一种倾向，偏黄或偏绿，偏冷或偏暖等，这种颜色上的倾向就是画面给人的总体印象，就是色调，也被称作画面的基调，如图1-13所示。

色调是色彩运用中的主旋律，是网店页面的整体色彩倾向，画面中的色调不仅是指单一的色彩效果，还是多种色彩在一起的色彩倾向。

图1-13　不同色调的店铺页面设计

（1）色调色相的倾向

色相是决定色调最基本的因素，对色调起着重要的作用。色调的变化主要取决于画面中设计元素本身色相的变化，如某个页面呈现红色调、绿色调或黄色调等，指的就是画面设计元素的固有色相，这些占据画面主导地位的颜色决定了画面的色调倾向。如图1-14所示，图片中模特穿的裙子上带有蓝色碎花，因此在进行页面设计时，将周边元素都换为蓝色。图片整体上和谐统一，所呈现的色调为蓝色调，给人一种舒适宁静之感。

图1-14　色调色相的倾向

（2）色调明度的倾向

当构成画面的基本色调确定之后，接下来的色彩明度变化也会对画面造成极大的影响。画面明亮或者暗淡，其实就是明度的变化赋予画面的不同明暗倾向，因此在对网店页面进行构思设计时，采用不同明度的色彩能够创造出丰富的色调变化。

如图1-15所示，该模特所处的环境明度暗淡，但模特的衣服和手中的产品色调却是高明度的。在对比之下，图片色调变化丰富，画面呈现出清淡、明快之感。

图1-15　色调明度的倾向

（3）色调纯度的倾向

在色彩的3大基本属性中，纯度同样是决定色调不可或缺的因素。不同纯度的色彩所赋予的画面感觉也不同，我们通常所指的画面鲜艳度或昏暗均由色彩的纯度决定。在网店页面设计中，色调纯度的倾向，一般会根据具体主题的色彩来确认。就色彩的纯度倾向而言，高纯度色调和低纯度色调都能赋予画面极大的反差，给消费者带来不同的视觉印象，高纯度色调和低纯度色调的店铺对比如图1-16所示。

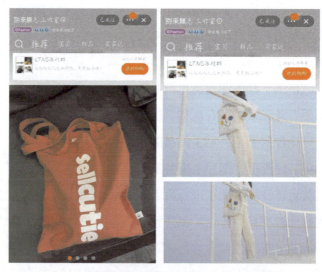

图1-16　高纯度色调和低纯度色调的店铺对比

1.3.2 网店配色方案

"调"是调整、调配、安排、搭配和组合等意思;"和"可理解为和谐、融洽、恰当、适宜、有秩序、有条理、没有尖锐的冲突、相得益彰等。配色的目的就是制造美的色彩组合,而和谐是色彩美的首要前提,它让人感觉到愉悦,同时调配后的颜色还能满足人们视觉上的需求以及心理上的平衡。

我们知道,和谐来自对比,和谐就是美。没有对比就没有刺激神经兴奋的因素,但只有兴奋而没有舒适的休息会造成过分的疲劳,精神紧张,这样调和也就成了一句空话。所以,在设计网店页面时,既要有对比来产生和谐的刺激美,又要有适当的调和来抑制过分的对比刺激,从而产生一种恰到好处的对比。总的来说,色彩的对比是绝对的,而调和是相对的,调和是实现色彩美的重要手段。

(1)以色相为基础的调和配色

在保证色相大致不变的前提下,通过改变色彩的明度和纯度来达到配色的效果,这类配色方式保持了色相上的一致性,所以色彩在整体效果上很容易调和。以色相为基础的配色方案主要有以下几种。

➢ **同一色相配色**:指相同的颜色在一起的搭配,比如灰色的产品配上灰色的背景,这样的配色方法就是同一色相配色法。如图1-17所示画面中产品和背景等都使用灰色进行搭配,使得画面干净整洁,突显出产品的质感。另外,背景与产品上红色图案相对比,将消费者的视觉中心聚焦在产品本身,使其产生强烈的视觉冲击。

图1-17 同一色相配色

➢ **类似色相配色**:指色环中类似或相邻的两个或两个以上的色彩搭配。例如黄色、橙黄色、橙色的组合,紫色、紫红色、紫蓝色的组合等都是类似色相配色。类似色相配色在大自然中出现得特别多,有嫩绿、鲜绿、黄绿以及墨绿等。

➢ **对比色相配色**：指在色环中位于色环直径两端的色彩或较远位置的色彩搭配。它包含了中差色相配色、对照色相配色、辅助色相配色。在24色环中，两色相相差4~7个色，称为基色的中差色；在色环上有90°左右的角度差的配色就是中差配色，它的色彩对比效果明快，是深受人们喜爱的颜色；在色环上色相差为8~10的色相组合，被称为对照色，从角度上说，相差135°左右的色彩配色就是对照色；色相差11~12，角度为165°~180°的色相组合，称为辅助色配色。

➢ **色相调和中的多色配色**：在色相对比中，除了两色对比，还有三色、四色、五色、六色、八色，甚至多色的对比。在色环中成等边三角形或等腰三角形的三个色相搭配在一起时，称为三角配色。四角配色常见的有红、黄、蓝、绿，以及红、橙、黄、绿等色。

（2）以明度为基础的调和配色

明度是人类分辨物体色最敏锐的色彩反应，它的变化可以表现事物的立体感和远近感。如希腊的雕刻艺术就是通过光影的作用产生了许多黑白灰的相互关系，形成了成就感；中国的国画也经常使用无彩色的明度搭配。彩色的物体也会受到光影的影响产生明暗效果，如紫色和黄色就有着明显的明度差。

明度可以分为高明度、中明度和低明度三类，这样明度就有了高明度配高明度、高明度配中明度、高明度配低明度、中明度配中明度、中明度配低明度、低明度配低明度6种搭配方式。其中，高明度配高明度、中明度配中明度、低明度配低明度，属于相同明度配色。

在网店页面设计中，一般使用明度相同、色相和纯度变化的配色方式，利用相同色相的不同明度完成配色，得到一种安静的视觉体验。图1-18所示画面中背景图片的配色均为高明度调和配色，给人以清爽、亮丽以及非常干净的

图1-18 以明度为基础的图片

印象，表现出优雅和含蓄的氛围，是一组柔和且明朗的色彩组合方式，非常符合画面中水杯的特点。

（3）以纯度为基础的调和配色

纯度的强弱代表着色彩的鲜灰程度，在一组色彩中当纯度的水平相对一致时，色彩的搭配也就很容易达到调和的效果，随着纯度高低的不同，色彩的搭配也会有不一样的视觉感受。

图1-19所示为高纯度配色的雪糕产品，画面中高纯度调和配色使得画面鲜艳生动，给人一种特别有食欲的感觉。

图1-19　以高纯度为基础的调和配色

（4）无彩色的调和配色

无彩色的色彩个性并不明显，将无彩色与任何色彩搭配都可以取得调和的色彩效果，无彩色与无彩色搭配，可以传达出一种经典的永恒美感；无彩色与有彩色搭配，可以用其作为主要的色彩来调和色彩间的关系。因此，在网店页面设计中，有时为了达到某种特殊的效果，或者突显出某个特殊的对象，可以通过无彩色调和配色来对画面进行创作。

如图1-20所示，这是由欧丽薇兰和京东联合推出的"重温锋味之

图1-20　无彩色的调和配色

路"H5[1]宣传广告,采用无彩色手绘画的设计方式,将手绘线条与实景照片相结合,无色彩的手绘线条使得页面之间的过渡非常连贯。

1.3.3 网店配色技巧

对于网店页面设计来说,色彩是最重要的视觉因素,不同颜色代表不同的情绪,因此对色彩的使用应该和设计的主题相契合。

图1-21所示为某零食品牌的淘宝店铺首页。在这两张图片中整体画面基调是紫色,其纯度和明度都较高。高饱和度的紫色给人的感官刺激很强烈,给人的色彩印象就是具有食欲,与店铺营销的产品相契合。

图1-21 淘宝店铺页面

在网店页面的制作过程中,根据色彩的特性,通过调整其色相、明度以及纯度之间的对比关系,或通过各色彩间面积调和,可以搭配出变化无穷的页面效果。

---

❶ H5,指 H5 页面,用第 5 代 HTML 语言制作的数字产品。

第 2 章

视觉营销：丰富的表现形式

要达到最佳的视觉营销效果，企业和商家应注重选择适宜的视觉表达方式，合理利用视觉信息的表达技巧，从而增加消费者对品牌的认可度，扩大品牌影响力。本章主要介绍视觉营销中视觉表现形式的相关知识。

2.1 视觉元素：点亮图文设计思路

合理利用视觉表现元素是各平台网店做好视觉营销工作、打造良好视觉效果的重要条件之一。好的视觉表现元素不但能将产品信息有效传达给消费者，还能够树立良好的品牌形象。本节主要介绍视觉营销中视觉表现元素的相关知识。

2.1.1 LOGO的表现元素

现代社会的物质生活水平飞涨，消费者的选择范围扩大，选择标准也越来越多元化，不仅注重各类电商平台提供信息的数量与质量，还对品牌整体视觉设计风格有着更高的要求。在视觉营销中，企业的品牌LOGO（标识）是消费者第一眼就会注意的地方，它一般都会被放在电商平台中比较显眼的位置，如图2-1所示。所以说，LOGO设计是否合理，也成了消费者要不要点进去浏览的重要判断依据。

甚至有些品牌LOGO已经成了品牌的重要符号，消费者在选择商品和品牌时，都会通过LOGO来判断品牌。消费者可能不知道品牌的正式名称到底是什么，但他们一定认识品牌LOGO，比如法拉利的标志，如图2-2所示。

图2-1　购物网站上品牌LOGO的展示

图2-2　法拉利的标志

如果直接报上"Ferrari",可能有些人需要些时间才能反应过来,对车了解比较少的人可能都不知道这个英文单词到底代表什么含义,可如果给他们看这个LOGO,大概90%的人都知道了,这就是大名鼎鼎的"法拉利"汽车品牌。

所以说,就现在的趋势来说,企业与商家店铺的LOGO作用越来越显著,甚至可以算得上是企业与商家的无形资产。LOGO可以说是一个网店的名片,不能随意更换,在设计之初就应该严加考虑,使LOGO兼具美感和实用性。当然这里的实用性指的是简洁好记。图2-3所示就是一些比较典型的LOGO,消费者只要看见它们就会立刻知道是哪个品牌。

图2-3 一些比较典型的品牌LOGO

为了重视视觉效果的打造,下面以图解的形式介绍品牌LOGO设计应遵循的原则,如图2-4所示。

图2-4 品牌LOGO设计应遵循的原则

（1）注重协调性与简洁性

在中国古代建筑中,建筑师十分注重"中轴线"原则。意思就是整个建筑的设计应该是对称的、均等的。这种建筑形式之所以被主流所认同,是因为具有协调性的东西可以在最大限度上让人感到身心愉悦,看上去舒服、干净。

一般来说,品牌LOGO的设计最基本的一条原则就是协调性强。其实一般的国际大品牌，比如圣罗兰，都会选择简单均衡的方式设计品牌LOGO，如图2-5所示，这样能够显出商品的高贵与大气。很多时候，简单比繁杂更加让人心动。

（2）LOGO应与品牌风格一致

企业和商家在设计品牌LOGO时，应注重与自身产品定位以及风格一致，树立鲜明的品牌特色。每个品牌都有自己的商品定位，比如护肤品中的悦诗风吟和城野医生。从商品定位角度上来说，如图2-6所示，悦诗风吟致力于植物萃取草本精华护肤，所以它的LOGO设计得非常清新自然，体现了将纯净的自然植物原料装进环保容器的设计理念，消费者会直观地感受到护肤品的自然和温和。而城野医生是药妆品牌，商家同样也抓住了这一重点，LOGO设计得很简洁，呈现"十"字形状，暗示"医生"的意思。

图2-5　圣罗兰的品牌LOGO

图2-6　悦诗风吟和城野医生的品牌LOGO

商家在设计LOGO时，可以将重点放在体现各类电商平台的整体定位上，从而加深对消费者的影响，提高其对店铺的关注度。

（3）注重文字排版

企业在进行品牌LOGO设计时，常常会直接在LOGO中嵌入品牌的名称，从而提高企业品牌的认知度，避免了消费者对图片与文字的双重记忆。用艺术字将企业名称作为企业品牌LOGO的企业不在少数。图2-7所示为一些比较典型的LOGO，消费者只要看见它们就会立刻知道是哪个品牌。

图2-7　一些比较典型的品牌LOGO

> **专家指点**
>
> 在设计品牌LOGO时,还要注重文字排版的和谐美观,切忌杂乱无章。一个成功的具有鲜明特征的品牌LOGO设计,它的文字排版也必定极具美感,准确来说,文字排版是否具有美感是判断品牌LOGO设计是否成功的重要标准。

但从美感角度来说,正正方方的中文并不像流畅的英文那样好排版,看起来可能会有些呆板。所以,企业还是应该尽量从自身角度出发,来研究到底要如何设计LOGO才能让它的美学意义从五花八门的视觉营销当中脱颖而出。

2.1.2 口号的表现元素

宣传口号,顾名思义就是利用一句话对某个品牌进行总结。好品牌的宣传口号需要满足简单、好记、押韵的特点。图2-8所示为手机OPPO R11的广告图,上面标明了这个产品的宣传口号——"前后2000万,拍照更清晰"。可以说OPPO推出的新品R11之所以销售火爆,这条宣传口号起到了重要的推送作用。

图2-8 手机OPPO R11的广告图

这句宣传语大概是消费者对该产品最深的记忆点,十分易读易记,听完一遍会不断在大脑中进行单曲循环,深深地刻印在消费者的脑海中,其实这就是宣传语应该起到的作用。接下来将分析好的宣传语应该遵循哪些原则。

（1）越简洁越好

由于宣传标语需要人们在短时间内听到或是看到，所以一般品牌都会选择简洁有力的宣传语，便于传播，从而扩大品牌影响力。图2-9所示是耐克的宣传口号。

虽然只有3个英文单词，但是"JUST DO IT"这个宣传口号，焕发出一种积极向上的精神，充满了正能量，同时也很符合耐克运动品牌的定位。

（2）点出品牌范围

有一些名牌在构思宣传口号时，会点明品牌功能，这样就能让消费者立马知道品牌所销售的商品范围。比如58同城的"找工作，上58"，很明显地指出了58同城其中一个功能就是提供所需的工作岗位。

再来看一个例子，如图2-10所示，阿芙的宣传口号。

图2-9　耐克的宣传口号

图2-10　阿芙的宣传口号

阿芙这个美妆品牌，以精油为主打，所以广告语"阿芙•就是精油！"就直截了当地指明了这一点。在美妆品牌不胜枚举的现代社会，阿芙品牌具有独特的个性，广告语富有独特性。

（3）带韵脚

在幼年时期背诵诗歌的时候，小朋友都比较喜欢韵脚明显的诗词，因为朗朗上口更加便于记忆。不押韵的诗词连读都可能读不太顺畅，又何来"背诵"一说呢？

其实宣传口号也是同样的原理，有韵脚的广告词念起来更顺口，多念叨几次也就记住了。比如恒源祥毛线的广告词"恒源祥，羊羊羊"。这一句很多消费者都十分熟悉，一般听到上半句就会顺口补出下半句来。

> **专家指点**
>
> 商家在设计宣传口号时,应该尽可能传递更多产品信息,帮助消费者了解自身品牌的定位以及主打风格,从而寻求消费者与品牌的契合点,激发消费者的好奇心。好的宣传口号应是积极、乐观、向上的,除了要朗朗上口、易于传播之外,还应注重社会作用,注重社会正能量的传播。只有具有激励作用的宣传口号,才能为企业品牌注入活力。

2.1.3 活体的表现元素

品牌活体指充当品牌形象的人或物,主要分为4种类型,如图2-11所示。

图2-11 品牌活体的主要类型

图2-12所示为休闲食品品牌三只松鼠的品牌活体,量身打造的可爱俏皮的松鼠形象体现了产品的形象特征。又因为是动态的卡通形象,加之暖心的语言、生动的表演,增加了企业品牌的记忆点,给消费者留下了深刻的印象。

图2-12 三只松鼠的品牌活体

2.1.4 色彩的表现元素

从视觉营销角度来说，如何吸引消费者与留住消费者是较为重要的问题之一。所以，许多企业和商家在视觉设计上花了很多心血，就设计来说，色彩的构造是一门基础却又复杂的学问。

精致的色彩搭配会让人赏心悦目，产生兴趣。而搭配得太过粗糙而土气的，则不免让人蹙眉，失去想要仔细看看的心情。其实，在店铺或产品的美工设计中，色彩的搭配大有乾坤，很多品牌店铺的配色都与它的产品定位有关，比如饮用水品牌农夫山泉，如图2-13所示。

进入农夫山泉的官方旗舰店，可以看到，整体色调是灰色，这是因为农夫山泉这个饮用水品牌在矿泉水研发上主打的就是"环保、天然、健康"等理念，所以它推出的系列产品设计都是偏冷色调的，以自然为背景，用灰色的明暗来体现其水源地的自然生态。农夫山泉在色调运用上呈现一种简洁大气感，给消费者一种可靠、放心的感觉。

图2-13　农夫山泉店铺页面

当然，除去这种比较单一的色调搭配以外，也有一些品牌使用差异很大的颜色进行碰撞，制造出富有生机的感觉。举个例子，电子品牌纽曼，主打音响、耳机等电子产品，其淘宝店铺首页如图2-14所示，可以看出其页面配色十分大胆。

图2-14　纽曼淘宝店铺首页

> **专家指点**
>
> 一般在店铺的设计中,尽管美工人员会使用大胆的撞色系设计,但值得注意的是,大面积的主色调最多不超过3种。

2.1.5 字体的表现元素

品牌的字体设计也是视觉效果中的重要组成部分,因为字体设计能够影响消费者对于品牌的辨识度和认知度,从而进一步影响产品的销量和视觉营销的效果。

一般而言,品牌字体的设计是为了成功进行视觉营销而做的基本工作,因此需要注意一些细节,如图2-15所示。

图2-15　品牌字体设计需要注意的问题

图2-16所示为洗涤品牌立白的字体设计,其运用独特的字体和鲜明的红色重点突出了品牌名称。

图2-16　立白的品牌字体设计

2.2 表现形式：电商视觉营销策略详细讲解

企业或商家在借助电商平台进行视觉营销时，应注重对消费者心理的分析，进而在视觉设计过程中，借助视觉心理学的有关知识向消费者传达产品信息，吸引消费者的注意力。本节主要介绍视觉营销中的视觉心理学的运用。

2.2.1 凸显：重点信息的视觉位置

消费者在各类电商平台浏览信息时，停留在每张页面的时间极短。当消费者发现平台上提供的页面信息没有吸引力，缺乏浏览价值时，就会快速跳过该页面。根据消费者的这一心理，企业和商家必须在消费者短暂停留的时间内，将具有吸引力的视觉信息传送到消费者眼前。要做到这一点，要求企业和商家将营销活动的重点信息放在页面的显眼位置，从而在有效的视觉范围之内，突显最有价值的活动信息。

一般而言，图形是有界限的，包括一定的范围，而画面之中的内容所处的位置代表了它的地位。重要的信息常常会放在显眼的位置，而次要的信息则会放在角落。因此，在进行视觉营销时，要把重要的信息放在图片中间，想让消费者一次性看完的信息要放在一起，尽量避免分开。图2-17所示为品牌广告对重点信息的突显，在这一品牌广告中将"科颜氏""买1赠16"等对消费者有价值和具吸引力的字眼置于图片的显眼位置，并且使用的广告字体突显了重要的活动信息。

图2-17　品牌广告对重点信息的突显

> **专家指点**
>
> 有的商家和店铺不注重图片内容的位置摆放，没有突出重要的信息，比如折扣、优惠等，就可能白白错过大量的消费者，因为消费者是不会花时间去自己筛选重点的，这就要求商家在进行视觉营销设计时加以注意。

2.2.2 舒适：陈列信息的视觉布局

通常有太多选择时消费者都会难以抉择，从而疲于选择。图2-18所示为某店铺的首页，杂乱无章的信息分布，没有条理的商品位置摆放，会让消费者难以分辨销售重点，从而失去点击和购买的欲望。

图2-18　信息混乱的店铺首页

图2-19所示的官方旗舰店首页则给人一种舒适的视觉效果，不仅在色彩上十分和谐，而且对信息进行了合理的布局，重点突出，导航清晰。显而易见，这样的视觉效果更容易得到消费者的青睐，激发消费者的购买欲望，从而有效提高店铺的转化率，促进产品的销售。

图2-19　色彩一致、布局合理的阿芙首页

> **专家指点**
>
> 一般而言，店铺商品陈列信息的视觉布局是否能给消费者呈现一种清晰明确、舒适的视觉享受，对于店铺的销售情况会产生潜在影响。

2.2.3 契合：场景与产品的视觉带入

消费者在各电商平台浏览信息时常常不自觉地被和自身高度契合的图片吸引。这种情况的出现其实是因为消费者往往会把自己带入到图片的场景中去，特别是当画面场景与消费者心理高度契合的时候，效果会更加显著。因此，商家在拍摄产品时，应该首先找准目标受众，然后进行准确的定位，最后根据产品定位和目标受众来进行拍摄。

图2-20所示为步履不停品牌的场景带入，图片主要想展示的是慵懒、自在的毛衣。模特在家里的沙发上拿着CD自在地享受悠闲时光，传达出了一种自由、舒适与快乐的品牌理念。

图2-20 步履不停品牌的场景带入

喜欢慵懒且个性独立的消费者看到这张图片，就会不自觉把自己带入场景，从而产生购买图片中衣服的冲动。这便是商家利用图片场景与销售产品的高契合度，激发消费者情感共鸣的一种视觉带入手段。

> **专家指点**
>
> 场景带入需要利用消费者的感性心理，要让他们在看到图片后就能够产生情感共鸣，从而对商品产生好感。当然，这需要商家在设计视觉效果时把握好场景和产品的契合度，尽量用恰当的图片，继而从视觉效果中传达出自己的品牌理念及产品特色。

2.2.4 至简：迅速获取信息的视觉效果

凡事至简则皆可变通，简洁是打造视觉效果的重要原则之一。实际上，大多数消费者都比较喜欢简洁且不费力的视觉效果，这样就能够更加快速地获取想要的信息。图2-21所示为十分简单的页面设计，重点突出，一目了然。

图2-21　遵从简洁原则的设计

2.2.5 通感：调动联想的视觉逼真效果

人的不同感官可以通过联想的方式联系在一起，商家在借助各电商平台进行视觉营销时也可利用消费者的这一心理。尤其是对于食物类的产品而言，如果将视觉效果打造得格外细腻、逼真，或者看起来让人垂涎欲滴，就能够达到视觉营销的目的，例如图2-22所示的蛋黄酥产品图。

图2-22　蛋黄酥产品图

2.3 视觉认知：小心误区

不少商家在进行视觉营销的过程中，走入了视觉误区，从而使视觉营销的效果大打折扣，没有达到预期的营销效果，造成了自身不必要的经济损失。本节主要介绍常见的视觉误区。

2.3.1 图片内容堆积

一些商家在打造商品的视觉效果时，会有些随意和贪心，总想在小小的页面里展示产品的所有功能，而且在文案的编辑上也展示出了不小的"野心"。视觉图片承载的信息量越多，并不意味着消费者能从中获取的信息就越多，两者并不成正比例关系。当图片向消费者传递的信息已经超出消费者的接受范围时，容易导致消费者产生视觉疲劳。图2-23所示为功能杂乱堆积的产品图。

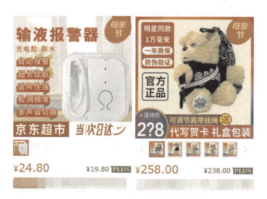

图2-23 功能杂乱堆积的反面示例

实际上，这样盲目堆积的方法往往只会适得其反，达不到商家预期的营销目标。因为消费者对信息提取的耐心是有限度的，太过花哨和繁杂的信息会让消费者疲于筛选。这样一来，消费者不仅不会再对产品产生购买的兴趣，还很有可能对店铺产生抵触和反感的心理。

2.3.2 页面布局失调

页面布局常常会对最终呈现在消费者面前的视觉效果产生影响。不少店铺在设计产品的详情页时，没有注意到页面的跳转能力，导致整个页面布局失衡，消费者在浏览时十分不方便，消减了消费者对店铺的好感度，让他们失去继续浏览的兴趣和耐心，购买行为也就难以发生了。

上述情况的出现导致借助各类电商平台进行视觉营销的商家并没有实现最初的营销目标。图2-24所示为布局失调的页面示例。

图2-24　布局失调的反面示例

> **专家指点**
>
> 在进行店铺设计时，除了要注重页面布局的美观性，还应注重其实用价值，保证页面布局的协调，注重跳转页面之间的自然衔接。一般而言，跳转页面之间的整体风格、排版布局都应一致，切忌图文分布不均。

2.3.3 视觉效果杂乱

不少店铺在运用视觉营销时，无法精准地掌握风格的设计，这样不仅无法给消费者带来视觉上的享受，而且还可能让消费者无法理解或者是产生反感和抵触心理。

不少店铺都没有对页面商品的摆放进行设计，随意地将同类商品排列，造成一种杂乱的视觉效果。排版杂乱、文字杂乱，无法让消费者第一眼就产生好感，更不用说让消费者对商家产生信任感以及深入了解其品牌的产品。图2-25所示为设计杂乱的店铺页面。

图2-25 设计杂乱的反面示例

2.3.4 图多而无亮点

不少店铺在设计展示页面时,没有注重营销产品的亮点提取,整个页面展示的商品图片虽多,但是缺乏对消费者的吸引力。由于商家对产品的展示没有用心,图片没有亮点,也没有价值可言,导致消费者直接对产品失去兴趣,如图2-26所示。

图2-26 毫无亮点的反面图片示例

2.3.5 风格定位不明

不少商家在进行视觉营销时,其风格定位不明确,常常在同一页面展示了多种不同的风格,这样的视觉版面设计容易给消费者带来审美疲劳,如图2-27所示。

图2-27 风格定位不明的反面示例

除了上述几种反面示例外,还有不少网店有着其他视觉效果问题,比如有的图片设计让消费者完全不知道商家销售的是什么产品,也有的图片设计太过庸俗等。

商家在进行视觉营销过程中之所以容易走入视觉误区,在一定程度上是由于商家缺乏视觉效果对视觉营销重要性的正确认识。

想要弄清楚视觉效果对视觉营销的重要性，首先需要明确消费者的购买行为类型。按照购买目标程度划分，可分为三类，如图2-28所示。

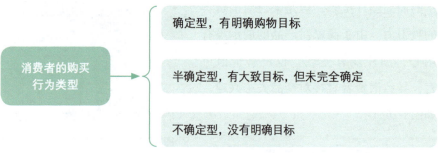

图2-28 消费者的购买行为类型

消费者的购买行为类型不同，视觉效果对消费者影响也就存在差异。一般而言，消费者属于半确定型，那么视觉效果对消费者的行为会产生部分作用，如果消费者属于不确定型，那么视觉效果将直接影响消费者的消费行为。

页面的视觉效果在交易的成功率上起着很大的作用，如果视觉效果做得不好，就很可能白白错过很多流量；如果视觉效果让人赏心悦目，就能有效提高店铺的转化率，从而促进产品的销售。

第 3 章

商品摄影：
拍摄精美的素材

在传统电商时代，消费者通常只能通过图文信息来了解商品详情，目前这仍然是各电商平台商品的主要展示形式。因此，对于商家来说，进行店铺装修或者上架商品之前，拍摄显得尤其重要。本章主要介绍商品图片的拍摄技巧，帮助大家轻松拍出爆款的商品照片。

3.1 布光高手：简易的布光拍摄效果

要拍出好看的商品照片，布光相当重要。布光可以让画面更清晰，又可以突出商品主体及细节。本节主要介绍一些简易的布光技巧，帮助商家快速拍出专业的商品图片。

3.1.1 拍摄吸光体商品

例如，衣服、食品、水果和木制品等商品大都是吸光体，比较明显的特点就是它们的表面粗糙不光滑，颜色非常稳定和统一，视觉层次感比较强。因此，在拍摄这类商品时，通常采用侧光或者斜侧光的布光形式，光源最好为较硬的直射光，能更好地体现商品原本的色彩和层次感，如图3-1所示。

图3-1　光源采用直射光拍摄毛衣

3.1.2 拍摄反光体商品

反光体商品与吸光体商品刚好相反，它们的表面通常比较光滑，因此具有非常强的反光能力，如金属材质的产品、没有花纹的瓷器、塑料制品以及玻璃产品等，如图3-2所示。在拍摄这类商品时，通常采用侧光拍摄，可以用直射光表现产品的立体感和质感。

图3-2　反光体商品

在拍摄反光体商品时，需要注意商品表面的光斑或黑斑，可以利用反光板照明，或者采用大面积的灯箱光源照射，尽可能让商品表面的光线更加均匀，保持色彩渐变的统一性，使其看上去更加真实，如图3-3所示。

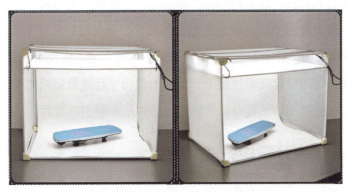

图3-3　使用灯箱布光拍摄反光体

3.1.3 ● 拍摄透明体商品

如透明的玻璃和塑料等材质的商品，都是透明体商品。在拍摄这类型商品时，可以采用高调或者低调的布光方法。

① **高调**：使用白色的拍摄背景，背光拍摄，商品的表面看上去会显得更加简洁、干净，如图3-4所示。

② **低调**：使用黑色的拍摄背景，可以用柔光箱从商品两侧或顶部打光，同时在两侧安放反光板，勾出商品的线条，如图3-5所示。

图3-4　高调布光　　　　　　图3-5　低调布光

3.2 构图运用：超实用的商品构图技巧

拍摄淘宝商品，需要对画面中的主体进行恰当的摆放，使画面看上去更有冲击力和美感，这就是构图。构图起初是绘画中的专有术语，后来广泛应用于摄影和平面设计等视觉艺术领域。一个成功的摄影作品，大多拥有严谨的构图，能够重点突出、有条有理、富有美感，以及令人赏心悦目。

因此，在拍摄商品的过程中，需要对摄影主体进行适当构图，遵循构图原则，才能让图片更富有艺术感和美感，从而吸引消费者。

3.2.1 黄金分割构图法

黄金分割，是指由古希腊的数学家毕达哥拉斯发现的黄金分割定律。毕达哥拉斯认为，任何一条线段上都存在着这样一点，可以使整

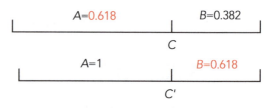

图3-6 黄金分割的两种比例

体与较大部分的比值等于较大部分与较小部分的比值，即较长/全长 = 较短/较长，约为0.618，这个比值就是黄金比例，如图3-6所示。黄金比例被誉为完美比例，按照这个比例设计的事物能引起人对于美的感受。在淘宝商品拍摄中用到的黄金分割构图，就来自毕达哥拉斯著名的黄金分割定律。

在淘宝商品拍摄中，我们用线段就可以表现视频画幅的黄金比例，右下角垂直线与对角线交叉的点，即垂足，就是黄金分割点，如图3-7所示。黄金分割除了是某条垂直线上的点之外，它还是以每个正方形的边长为半径所延伸出来的一个具有黄金数字比例的螺旋线，如图3-8所示。

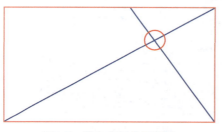

图3-7 黄金分割点示意图

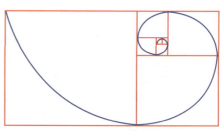

图3-8 黄金分割线示意图

黄金分割构图在突出拍摄主体商品的同时，还能使消费者的视觉感受十分舒适，从而产生美的视觉享受，如图3-9所示。

图3-9　黄金分割构图拍摄商品

3.2.2 三分构图法

三分构图法，顾名思义，就是将图片从横向或纵向，分为三部分。在拍摄商品时，将商品主体放在三分线的某一位置上进行构图取景，可以使商品更加突出，让画面更加美观。三分构图法属于比较经典又十分简单易学的构图技巧，运用这种方法来拍摄商品的图片数不胜数。

采用三分构图法拍摄商品最大的优点就是，每一等分的中心都可放置拍摄主体，不仅表现鲜明，构图简练，还能突出拍摄主体，使画面紧凑有力，如图3-10所示。

图3-10　三分构图法

3.2.3 均分构图法

均分构图法就是将商品主体放置在画面中心进行拍摄,将画面的垂直或者水平画幅进行均分,这种构图方法能够很好地突出商品主体,让消费者很容易就能看见图片的重点,将目光锁定在商品上,从而快速了解商品所传递的信息。均分构图法最大的优点在于主体突出、明确,画面容易达到左右平衡的效果,如图3-11所示。

图3-11 均分构图法

3.2.4 疏密相间构图法

疏密相间构图法是指照片中包括多个商品对象,在构图取景时最好是让它们错落有致,疏密有度,疏中存密,密中见疏,互相衬托,彼此相得益彰。如图3-12所示,左图运用散落的摆放方式,右图则运用不同的颜色和疏密相间的摆放方法,适当地相连和交错摆放,更加美观,主次分明,画面显得非常紧凑。

图3-12 疏密相间构图法效果对比

3.2.5 远近结合构图法

远近结合构图法是指运用远处与近处的对象，进行距离上或大小上的对比，来布局画面元素，这种构图可以产生更强的空间感和透视感。在实际拍摄时，需要摄影师匠心独具，找到远近可以进行对比的物体对象，然后从某一个角度切入，进行拍摄。图3-13所示为远近结合构图法，这种构图可以从不同的角度和距离展示商品，同时利用大光圈将远处的商品虚化，让画面层次感更强，主体特征更加明显。

图3-13　远近结合构图法

3.2.6 明暗相间构图法

明暗相间构图法，顾名思义，就是通过明与暗的对比，来取景构图，布局画面，从色彩角度让商品画面具有不一样的美感。如图3-14所示，将直射光源照在主体商品上，背景为一片暗部，来衬托明亮的主体。

图3-14　明暗相间构图法

3.3 拍摄技巧：淘宝产品摆放与拍摄技法

要拍出清晰的照片，首先必须找到一个适合拍摄的环境，再根据环境准备摄影设施。在拍摄过程中可运用三脚架或一些支撑相机的支撑点，防止拍摄中的抖动，避免拍出来的照片模糊。同时，还需要掌握一定的产品摆放与拍摄技法，只有这样才能拍出好的商品照片。

3.3.1 摆放要合理

拍摄商品时，摆放的位置是一种非常重要的陈列艺术，不同的造型和摆放方式可以带来不同的视觉效果。

（1）商品的摆放角度

由于消费者在观看商品时，通常会习惯从上往下看，因此摆放角度要尽可能低一些，让消费者看着更轻松舒适，如图3-15所示。

在拍摄较长的商品时，可以斜着摆放，这样不仅可以减少画面的视觉压迫感，同时还可以更好地展现商品主体，如图3-16所示。

图3-15　低角度摆放

图3-16　斜着摆放

（2）商品的造型设计

在摆放较为柔软的商品时，我们还可以对其外形进行二次设计，增加画面的美感。如图3-17所示，将皮带卷起来摆放，不但可以兼顾皮带的头尾，还显得更加大方利落。

图3-17　皮带造型的二次设计

（3）商品的环境搭配

正所谓"红花还需绿叶配"，在摆放商品时，还需要对环境进行适当的设计，为商品搭配一些装饰物，让商品显得更加精致。如图3-18所示，搭配物可以是其他颜色的同类产品，也可以是一些比较养眼的植物盆栽等。

图3-18　商品的环境搭配

（4）商品的组合摆放

在拍摄不同颜色的商品组合时，需要注意摆放规则，不能胡乱摆放，影响画面的美观度。在摆放组合商品时，要符合商品的造型美感，让画面显得有秩序，可以采用疏密相间、堆叠、斜线、V形、S形或者交叉等摆放方式，让画面看上去更加丰富和饱满，同时还可以展现出一定的韵律感。

如图3-19所示,在拍摄夹心麻薯美食产品时,采用堆叠的摆放方式,形成了一个三角形的造型,让不同颜色的食物看上去更具诱惑力,比单个产品更有表现力。

图3-19　商品的组合摆放

（5）商品的摆放主题

主题就是商家在照片中要体现的商品主体和想要表达的商品信息。要更好地突出主题,需要掌握一定的陈列摆放技巧,不要让消费者自己去发现你的主题。如图3-20所示,画面中只有一个闹钟商品,背景非常简洁,因此消费者可以一眼看到你要表达的东西,主题非常突出。如图3-21所示,在画面中摆放了3个造型不同的闹钟,但拍摄者运用了非常巧妙的摆放位置,体现出一种错落有致的画面效果。

图3-20　简洁的背景突出主题　　图3-21　虚实对比突出主题

3.3.2　多拍细节图

每个商品都有它自己独特的质感和表面细节,在拍摄的照片上表现出这种质感细节，可以大大地增强商品的吸引力。

我们可以换位思考，将自己比作消费者，在买一件心仪物品时，肯定会在商品详情页面反复浏览，查看商品的细节，与同类型的商品进行对比。

因此，好的商品细节图是决定消费者下单的重要驱动，我们必须将商品的每一个细节部位都拍摄清楚，打消消费者的疑虑。如图3-22所示，在拍摄地毯商品时，将细节图与整体图合成在一起，可以更完整地展现商品优势。

当然，不排除也有马虎的消费者，他们也许不会去仔细看你的商品细节，只是简单地看一下价格和基本功能，觉得合适就马上下单。对于这些消费者，我们可以将产品最重要的特点和功能拍摄下来，在详情页面展现出来，让他们快速看到商品的这些优势，从而促进成交，如图3-23所示。

图3-22 细节与整体的合成

图3-23 拍摄产品的细节功能

3.3.3 真实感要强

商品的照片一定要真实，很多消费者都是"身经百战"的网购"达人"，什么是真的，什么是假的，他们一眼就能分辨出来。这些人往往都是长期的消费群体，商家一定要牢牢把握住这群人。

首先，商品照片必须符合消费者的视觉习惯，因此拍摄前一定要做相关的消费人群调研（他们喜欢什么样的风格），或者做相关的后期。例如，购买手机微距镜头的人，肯定是喜欢拍微距题材的摄影爱好者。可以拍摄一些微距效果图，同时将商品合成在一起，在展现产品效果的同时，又突出了主题，如图3-24所示。

图3-24　拍摄产品的使用效果

如果是服装类和鞋类商品，最好使用模特来进行拍摄，让消费者对商品有个直观感受，给消费者一个良好的购物体验，如图3-25所示。

图3-25　使用模特试穿商品，拍出真实感

第4章

调色精修：
让商品夺人眼球

在拍摄过程中，由于受光线、技术、拍摄设备等因素的影响，商品图片往往会有一些不足。为了把最好的一面展现给买家，使用Photoshop给商品图像调色就显得尤为重要。本章将详细介绍Photoshop常用的调色处理方法。

▶扫码看教程◀

▶扫码看效果◀

4.1 颜色填充：丰富网店商品图像

在网店设计中，商品颜色的选取常常会难住一批人，利用Photoshop中的"颜色"面板、渐变工具、"色板"面板以及"填充"选项等，都可以快速地对商品图像进行简单填充。

4.1.1 填充商品单色背景

当网店中的商品图像需要调整背景时，可使用"颜色"面板来填充商品的背景颜色，通过设置不同参数值来调整前景色和背景色。下面介绍运用"颜色"面板选取商品颜色的具体操作方法。

步骤 01 按【Ctrl+O】组合键，打开商品图像素材，如图4-1所示。

图4-1 打开商品图像素材

步骤 02 选取工具箱中的魔棒工具，在工具属性栏中设置"容差"为10，移动鼠标指针至图像编辑窗口中的合适位置，单击鼠标左键，创建选区，如图4-2所示。

图4-2 创建选区

步骤 03 在菜单栏中单击"窗口"|"颜色"命令，如图4-3所示。

步骤 04 执行上述操作后，即可展开"颜色"面板，设置前景色为白色（RGB

图4-3 单击"颜色"命令

参数值均为255），如图4-4所示。

步骤 05　执行上述操作后，按【Alt＋Delete】组合键，即可为选区填充前景色，如图4-5所示。

步骤 06　按【Ctrl＋D】组合键，取消选区，效果如图4-6所示。

图4-4　设置颜色

图4-5　为选区填充前景色

图4-6　最终效果

专家指点

除了运用上述方法填充颜色外，还有以下两种常用的方法。

➢ 快捷键1：按【Alt＋Backspace】组合键，填充前景色。

➢ 快捷键2：按【Ctrl＋Backspace】组合键，填充背景色。

4.1.2　填充商品混色背景

网店卖家在处理商品图像时，可以使用渐变工具对所选定的图像进行双色填充。下面介绍运用渐变工具双色填充商品的具体操作方法。

步骤 01　按【Ctrl＋O】组合键，打开商品图像素材，如图4-7所示。

图4-7　打开商品图像素材

步骤 02 在"图层"面板中选择"背景"图层,如图4-8所示。

步骤 03 单击前景色色块,弹出"拾色器(前景色)"对话框,❶ 设置前景色为浅粉色(RGB参数值分别为248、231、239);❷ 单击"确定"按钮,如图4-9所示。

图4-8 选择"背景"图层

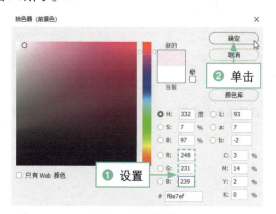

图4-9 设置前景色

步骤 04 单击背景色色块,弹出"拾色器(背景色)"对话框,❶ 设置背景色为白色;❷ 单击"确定"按钮,如图4-10所示。

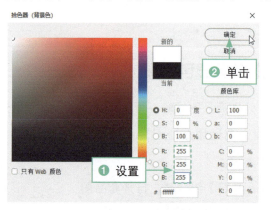

图4-10 设置背景色

步骤 05　选取工具箱中的渐变工具,如图4-11所示。

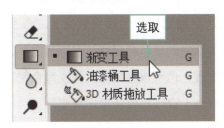

图4-11　选取渐变工具

步骤 06　在工具属性栏中单击"点按可编辑渐变"按钮,如图4-12所示。

图4-12　单击"点按可编辑渐变"按钮

步骤 07　弹出"渐变编辑器"对话框,在"预设"选项区中,选择"前景色到背景色渐变"色块,如图4-13所示。

步骤 08　单击"确定"按钮,即可选中渐变颜色,将鼠标指针移动至图像编辑窗口的上方,按住【Shift】键的同时,单击鼠标左键从上到下拖曳,释放鼠标左键,即可填充渐变颜色,如图4-14所示。

图4-13　选择"前景色到背景色渐变"色块

图4-14　最终效果

> **专家指点**

运用渐变工具,可以对所选定的图像进行多种颜色的混合填充,从而达到增强图像的视觉效果。"渐变编辑器"中的"位置"文本框中的显示标记点,可以通过输入数字来改变颜色标记点的位置,也可以直接拖曳渐变颜色带下端的颜色标记点。按【Delete】键可将颜色标记点删除。

> **专家指点**

在渐变工具属性栏中,渐变工具提供了以下5种渐变方式。

➤ 线性渐变 ▨:从起点到终点作直线形状的渐变,如图4-15所示。

➤ 径向渐变 ▨:从中心开始作圆形放射状渐变,如图4-16所示。

➤ 角度渐变 ▨:从中心开始作逆时针方向的角度渐变,如图4-17所示。

图4-15 线性渐变　　图4-16 径向渐变　　图4-17 角度渐变

➤ 对称渐变 ▨:从中心开始作对称直线形状的渐变,如图4-18所示。

➤ 菱形渐变 ▨:从中心开始作菱形渐变,如图4-19所示。

图4-18 对称渐变　　图4-19 菱形渐变

4.1.3 填充商品预设颜色

当商品图像需调某个局部颜色时，可以选用"色板"面板来填充商品颜色。色板中的颜色是系统预设的，可以直接选取相应颜色而不用自己配置，还可以在"色板"面板中调整颜色。下面介绍运用"色板"面板填充商品颜色的具体操作方法。

步骤 01 按【Ctrl+O】组合键，打开商品图像素材，如图4-20所示。

步骤 02 选取工具箱中的魔棒工具，移动鼠标指针至图像编辑窗口中的合适位置，单击鼠标左键，创建一个选区，如图4-21所示。

图4-20 打开商品图像素材

图4-21 创建选区

步骤 03 在菜单栏中单击"窗口"｜"色板"命令，如图4-22所示。

步骤 04 执行上述操作后，即可展开"色板"面板，移动鼠标指针至"色板"面板中，选择"蜡笔红"色块，如图4-23所示。

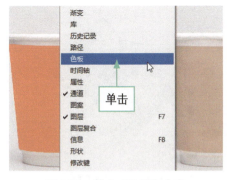

图4-22 单击"色板"命令

图4-23 选择"蜡笔红"色块

步骤 05　选取工具箱中的油漆桶工具，移动鼠标至选区中，单击鼠标左键，即可填充颜色，如图4-24所示。

步骤 06　按【Ctrl+D】组合键，取消选区，效果如图4-25所示。

图4-24　填充颜色

图4-25　最终效果

4.1.4　快速填充商品颜色

如果需要对当前图层所创建的选区填充颜色，可以使用快捷菜单来完成操作。下面介绍运用快捷菜单中的"填充"选项快速填充商品颜色的具体操作方法。

步骤 01　按【Ctrl+O】组合键，打开商品图像素材，如图4-26所示。

步骤 02　选取工具箱中的魔棒工具，移动鼠标指针至图像编辑窗口中，单击鼠标左键，创建选区，如图4-27所示。

图4-26　打开商品图像素材

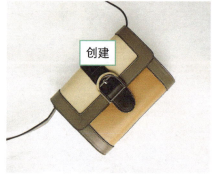
图4-27　创建选区

步骤 03　❶ 设置前景色（RGB参数值分别为237、219、183）；❷ 单击"确定"按钮，即可更改前景色，如图4-28所示。

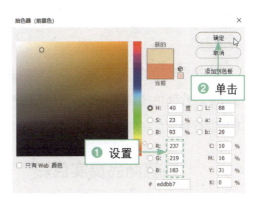

图4-28　更改前景色

步骤 04　选取工具箱中的磁性套索工具，移动鼠标指针至图像编辑窗口中的选区内，单击鼠标右键，在弹出的快捷菜单中选择"填充"选项，如图4-29所示。

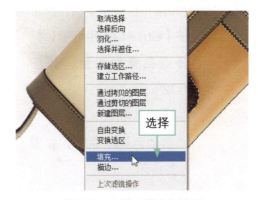

图4-29　选择"填充"选项

步骤 05　执行上述操作后，弹出"填充"对话框，在"内容"列表框中选择"前景色"选项，如图4-30所示。

步骤 06　单击"确定"按钮，即可填充前景色，按【Ctrl+D】组合键，取消选区，效果如图4-31所示。

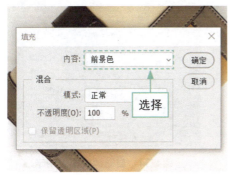

图4-30　选择"前景色"选项

图4-31　最终效果

4.2 颜色精修：美化网店商品图像

受拍摄环境的影响，商家如果对拍摄出来的照片色彩不满意，或者想通过改变照片颜色使自己的产品与别人的产品呈现不同视觉效果，可以对商品图片进行修饰，在Photoshop中可以通过多种方式对商品图像进行精修。

4.2.1 恢复商品真实色彩

在进行商品图像后期处理时，由于拍摄问题使商品图像整体偏暗，这时可以使用"自动色调"命令调亮商品图像，使照片恢复正常的色彩与色调。下面介绍运用快捷菜单填充商品颜色的具体操作方法。

步骤 01　按【Ctrl+O】组合键，打开商品素材图像，如图4-32所示。

步骤 02　在菜单栏中单击"图像"｜"自动色调"命令，如图4-33所示。

步骤 03　执行上述操作后，即可自动调整图像明暗，效果如图4-34所示。

图4-32　打开素材图像

图4-33　单击"自动色调"命令

图4-34　自动调整图像明暗

> **专家指点**
>
> "自动色调"命令能根据图像整体颜色的明暗程度进行自动调整,使得亮部与暗部的颜色按一定的比例分布。按【Shift+Ctrl+L】组合键,也可以快速执行"自动色调"命令调整图像色彩。

4.2.2 校正商品图像偏色

在处理商品图像时,由于拍摄光线的问题,拍摄的商品图像颜色经常会出现偏色的问题,这时可以使用"自动颜色"命令来校正商品图像的偏色。"自动颜色"命令可以自动识别图像中的实际阴影、中间调和高光,从而自动更正图像的颜色。下面介绍通过"自动颜色"命令校正商品图像偏色的具体操作方法。

步骤 01 按【Ctrl+O】组合键,打开商品图像素材,如图4-35所示。

步骤 02 在菜单栏中单击"图像"|"自动颜色"命令,即可校正图像偏色,效果如图4-36所示。

图4-35 打开素材图像

图4-36 自动校正图像偏色

> **专家指点**
>
> 除了运用上述命令可以自动调整图像颜色外,按【Shift+Ctrl+B】组合键,也可以执行"自动颜色"命令来调整图像颜色。

4.2.3 调整商品图像色调

在商品拍摄过程中，经常会因为光线不均的原因，导致拍摄的商品图像产生偏色，这时可通过"色彩平衡"命令调整商品图像色调，校正图像色调问题。下面介绍通过"色彩平衡"命令调整商品图像色调的具体操作方法。

步骤 01 按【Ctrl+O】组合键，打开商品图像素材，如图4-37所示。

步骤 02 单击"图像"|"调整"|"色彩平衡"命令，如图4-38所示。

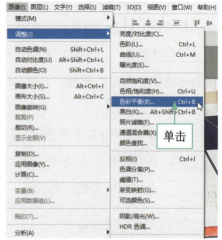

图4-37　打开素材图像　　　　图4-38　单击"色彩平衡"命令

步骤 03 弹出"色彩平衡"对话框，❶ 选中"中间调"单选按钮；❷ 设置"色阶"为+21、-8、-15，如图4-39所示。

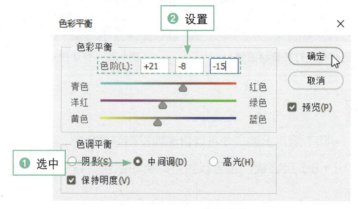

图4-39　设置参数

步骤 04 单击"确定"按钮,即可调整图像色调,效果如图4-40所示。

图4-40 最终效果

4.2.4 增加商品图像细节

网店卖家在拍摄商品时,由于拍摄光线和拍摄设备等原因,容易使商品图像色彩暗沉,这时可通过"亮度/对比度"命令调整商品图像色彩,增加商品图像的细节。下面介绍通过"亮度/对比度"命令调整商品图像的具体操作方法。

步骤 01 按【Ctrl+O】组合键,打开商品图像素材,如图4-41所示。

步骤 02 单击"图像"|"调整"|"亮度/对比度"命令,如图4-42所示。

图4-41 打开素材图像

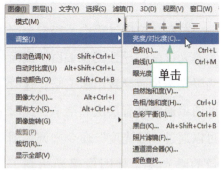

图4-42 单击"亮度/对比度"命令

步骤 03 弹出"亮度/对比度"对话框,设置"亮度"为42、"对比度"为32,如图4-43所示。

步骤 04 单击"确定"按钮，调整图像的亮度与对比度，效果如图4-44所示。

图4-43 设置参数

图4-44 最终效果

> **专家指点**
>
> 在"亮度/对比度"对话框中，各主要选项含义如下。
>
> ➢ 亮度：用于调整图像的亮度。值为正时增加亮度，为负时降低亮度。
>
> ➢ 对比度：用于调整图像的对比度。正值时增加对比度，负值时则降低对比度。

4.2.5 丰富商品图像层次

在商品拍摄过程中，经常会因为曝光过度而导致图像偏白，或因为曝光不足而导致图像偏暗，这时的图像通常没有层次和细节，此时可以通过"曝光度"命令来调整图像的曝光度，使图像曝光达到正常。下面介绍通过"曝光度"命令调整商品图像的具体操作方法。

图4-45 打开素材图像

步骤 01 按【Ctrl+O】组合键，打开商品图像素材，如图4-45所示。

步骤 02 在菜单栏中单击"图像"|"调整"|"曝光度"命令,如图4-46所示。

步骤 03 弹出"曝光度"对话框,设置"曝光度"为1.5、"灰度系数校正"为1,如图4-47所示。

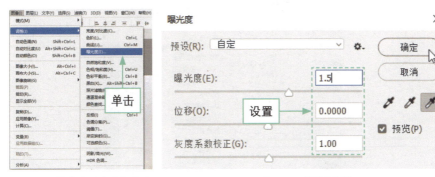

图4-46 单击"曝光度"命令　　　图4-47 设置参数

步骤 04 单击"确定"按钮,即可调整图像的曝光度,效果如图4-48所示。

4.2.6 调整商品图像的亮度范围

在网店卖家做商品图像处理时,由于拍摄问题,商品图像偏暗,这时可通过"色阶"命令调整商品图像的亮度范围,提高商品图像亮度。下面介绍通过"色阶"命令调整商品图像亮度范围的具体操作方法。

步骤 01 按【Ctrl+O】组合键,打开商品图像素材,如图4-49所示。

图4-48 最终效果

图4-49 打开素材图像

步骤 02 在菜单栏中单击"图像"|"调整"|"色阶"命令,如图4-50所示。

图4-50 单击"色阶"命令

步骤 03 弹出"色阶"对话框,设置"输入色阶"各参数值分别为0、1.21、255,如图4-51所示。

步骤 04 单击"确定"按钮,即可使用"色阶"命令调整图像的亮度范围,其图像显示效果如图4-52所示。

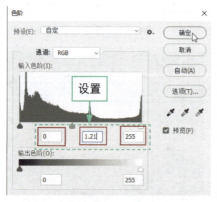

图4-51 设置"输入色阶"各参数值

图4-52 最终效果

在"色阶"对话框中,各主要选项含义如下。

➢ 预设:单击"预设选项"按钮,在弹出的列表框中,选择"存储预设"选项,可以将当前的调整参数保存为一个预设的文件。

➢ 通道:可以选择一个通道进行调整,调整通道会影响图像的颜色。

➢ 自动:单击该按钮,可以应用自动颜色校正,Photoshop CC会以0.5%的比例自动调整图像色阶,使图像的亮度分布更加均匀。

➢ 选项:单击该按钮,可以打开"自动颜色校正选项"对话框,在该对话框中设置黑色像素和白色像素的比例。

➢ 在图像中取样以设置白场:使用该工具在图像中单击,可以将单击点的像素调整为白色,原图中比该点亮度值高的像素也都会变为白色。

➢ 输入色阶:用来调整图像的阴影、中间调和高光区域。

➢ 在图像中取样以设置灰场:使用该工具在图像中单击,可以根据单击点像素的亮度来调整其他中间色调的平均亮度,通常用来校正偏色。

➢ 在图像中取样以设置黑场:使用该工具在图像中单击,可以将单击点的像素调整为黑色,原图中比该点暗的像素也变为黑色。

4.2.7 调整商品整体明暗

网店卖家在处理商品图像时,由于光线影响,拍摄的商品图像色调偏暗,这时可通过"曲线"命令调整商品整体图像色调。下面介绍通过"曲线"命令调整商品图像色调的具体操作方法。

步骤 01　按【Ctrl+O】组合键,打开商品图像素材,如图4-53所示。

步骤 02　在菜单栏中单击"图像"|"调整"|"曲线"命令,如图4-54所示。

图4-53　打开素材图像

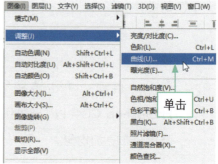

图4-54　单击"曲线"命令

步骤 03　执行上述操作后,弹出"曲线"对话框,在网格中单击鼠标左键,建立曲线编辑点后,设置"输出"和"输入"值分别为141、114,如图4-55所示。

步骤 04　单击"确定"按钮,即可调整图像的整体明暗,此时图像编辑窗口中的图像效果如图4-56所示。

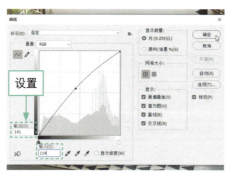

图4-55　设置参数

图4-56　最终效果

专家指点

在"曲线"对话框中,各主要选项含义如下。

➤ 预设:包含了Photoshop提供的各种预设调整文件,可以用于调整图像。

➤ 通道:在其列表框中可以选择要调整的通道,调整通道会改变图像的颜色。

➤ 编辑点以修改曲线:该按钮为选中状态,此时在曲线中单击可以添加新的控制点,拖动控制点改变曲线形状即可调整图像。

➤ 通过绘制来修改曲线:单击该按钮后,可以绘制手绘效果的自由曲线。

➤ 输出/输入:"输入"色阶显示了调整前的像素值,"输出"色阶显示了调整后的像素值。

➤ 在图像上单击并拖动可以修改曲线:单击该按钮后,将光标放在图像上,曲线上会出现一个圆形图形,它代表光标处的色调在曲线上的位置,在画面中单击并拖动鼠标可以添加控制点并调整相应的色调。

➤ 平滑:使用铅笔绘制曲线后,单击该按钮,可以对曲线进行平滑处理。

➤ 自动:单击该按钮,可以对图像应用"自动颜色""自动对比度"或"自动色调"校正。具体校正内容取决于"自动颜色校正选项"对话框中的设置。

➤ 选项:单击该按钮,可以打开"自动颜色校正选项"对话框。"自动颜色校正"选项用来控制由"色阶"和"曲线"中的"自动颜色""自动色调""自动对比度"和"自动亮度"选项应用的色调和颜色校正。它允许指定"阴影"和"高光"剪切百分比,并为阴影、中间调和高光指定颜色值。

4.2.8 调节商品图像部分明暗

在拍摄商品图像时，经常因为拍摄设备、光线以及拍摄技术的局限，导致商品图像部分偏亮或变暗，这时可通"阴影/高光"命令调整商品图像部分明暗。"阴影/高光"命令能快速调整图像曝光度或曝光不足区域的对比度，同时保持照片色彩的整体平衡。下面介绍通过"阴影/高光"命令调整商品图像明暗效果的具体操作方法。

步骤 01 按【Ctrl+O】组合键，打开商品图像素材，如图4-57所示。

步骤 02 单击"图像"|"调整"|"阴影/高光"命令，如图4-58所示。

图4-57 打开素材图像

图4-58 单击"阴影/高光"命令

步骤 03 弹出"阴影/高光"对话框，在"阴影"选项区设置"数量"为54%，在"高光"选项区设置"数量"为13%，如图4-59所示。

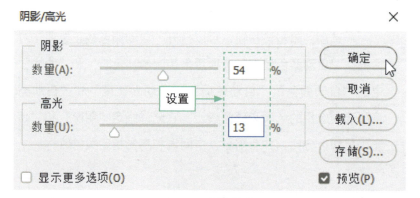
图4-59 设置参数

步骤 04　单击"确定"按钮,即可调整图像部分明暗,如图4-60所示。

图4-60　最终效果

专家指点

在"阴影/高光"对话框中,各主要选项含义如下。

➢ 数量:用于调整图像阴影或高光区域。该值越大,则调整的幅度也越大。

➢ 色调宽度:用于控制对图像的阴影或高光部分的修改范围。该值越大,则调整的范围越大。

➢ 半径:用于确定图像中哪些是阴影区域,哪些是高光区域,然后对已确定的区域进行调整。

4.2.9　提升商品图像质感

网店卖家在做商品图像处理时,若商品图像的色彩层次不够丰富,则可使用"自动对比度"命令来调整商品图像的对比度,同时提升商品质感。下面介绍通过"自动对比度"命令调整商品图像的具体操作方法。

步骤 01　按【Ctrl+O】组合键,打开商品图像素材,如图4-61所示。

步骤 02　在菜单栏中单击"图像"|"自动对比度"命令,即可调整图像对比度,如图4-62所示。

图4-61　打开素材图像　　　图4-62　自动调整图像对比度

> **专家指点**
>
> 按【Alt+Shift+Ctrl+L】组合键，也可以执行"自动色调"命令调整图像色彩。使用"自动对比度"命令可以自动调整图像中颜色的总体对比度和混合颜色，它的原理是将图像中最亮和最暗的像素映射为白色和黑色，使高光显得更亮而暗调显得更暗，使图像对比度加强，看上去更有立体感，光线效果更加强烈。

4.2.10　打造商品图像的冷暖调

使用"照片滤镜"命令可以模仿镜头前面加彩色滤镜的效果，以便调整通过镜头传输的色彩平衡和色温。网店卖家在做商品图片的后期处理时，若想改变背景颜色和商品图像的色调，可通过"照片滤镜"命令来实现。下面介绍通过"照片滤镜"命令调整商品图像色调的具体操作方法。

步骤 01　按【Ctrl+O】组合键，打开商品图像素材，如图4-63所示。

图4-63　打开素材图像

步骤 02　在菜单栏单击"图像"|"调整"|"照片滤镜"命令，如图4-64所示。

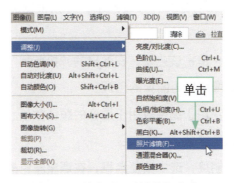

图4-64　单击"照片滤镜"命令

步骤 03　弹出"照片滤镜"对话框，设置"密度"为60%，如图4-65所示。

图4-65　设置参数

步骤 04　单击"确定"按钮，即可通过滤镜调整图像色调，如图4-66所示。

图4-66　最终效果

在"照片滤镜"对话框中，各主要选项含义如下。

➢ 滤镜：包含20种预设选项，可以根据需要选择合适的预设。

➢ 颜色：单击该色块，在弹出的"拾色器"对话框中可以自定义一种颜色作为图像的色调。

➢ 密度：用于调整应用于图像的颜色数量。该值越大，应用的颜色数量越多。

➢ 保留明度：选中该复选框，在调整颜色的同时保持原图像的亮度。

4.2.11 提升商品图像视觉冲击力

在商品拍摄过程中，如果商品图像受外部因素的影响，始终达不到想要的拍摄效果，这时可通过"色相/饱和度"命令调整商品图像的色调，来营造商品图像的氛围。下面介绍通过"色相/饱和度"命令调整商品图像色调的具体操作方法。

步骤 01 按【Ctrl+O】组合键，打开商品图像素材，如图4-67所示。

图4-67　打开素材图像

步骤 02 单击"图像"|"调整"|"色相/饱和度"命令，如图4-68所示。

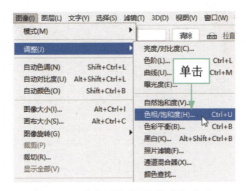

图4-68 单击"色相/饱和度"命令

步骤 03 弹出"色相/饱和度"对话框，设置"色相"为5、"饱和度"为16、"明度"为3，如图4-69所示。

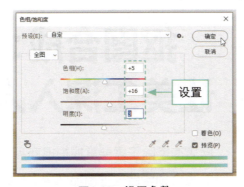

图4-69 设置参数

步骤 04 单击"确定"按钮，即可调整图像色调，如图4-70所示。

图4-70 最终效果

第 5 章

抠图合成：
让美工深入人心

网店商家除了需要掌握拍摄商品图像的基本技巧外，还必须学会处理商品图像。如果出现拍摄的商品不符合要求，或者希望将商品图像应用于更多的场合，这时需要通过Photoshop对商品图像进行后期处理。本章主要介绍通过命令、工具以及选区对商品图像进行抠取与合成的操作方法。

▶扫码看教程◀

▶扫码看效果◀

5.1 素材处理：简单抠图在店铺装修中的应用

由于拍摄取景的问题，拍摄出来的照片内容常常过于复杂，致使商品主体不够突出，如果不抠取商品就直接使用，会降低产品的表现力，这时就需要抠取出部分商品进行单独使用。本节针对不同问题的商品图像，介绍如何使用Photoshop中的工具和命令进行抠图的操作方法。

5.1.1 抠取特定颜色的商品图像

在处理单一背景的商品素材图像时，可以先选取背景，然后通过"反选"命令来抠取商品图片，这样可以快速地抠取商品，为网店卖家节省时间。下面介绍通过"反选"命令抠取商品的具体操作方法。

图5-1　打开素材图像

步骤 01　按【Ctrl+O】组合键，打开商品图像素材，如图5-1所示。

步骤 02　选取魔棒工具，在工具属性栏中设置"容差"为32，如图5-2所示。

步骤 03　在白色的背景位置单击鼠标左键，创建选区，如图5-3所示。

图5-2　设置容差

图5-3　创建选区

步骤 04　在菜单栏中单击"选择"|"反选"命令，如图5-4所示。

步骤 05 执行上述操作后，即可反选选区，如图5-5所示。

步骤 06 按【Ctrl+J】组合键，得到"图层1"图层，单击"背景"图层前的"指示图层可见性"图标 ◉，即可隐藏"背景"图层，效果如图5-6所示。

图5-4 单击"反选"命令

图5-5 反选选区

图5-6 最终效果

5.1.2 抠取半透明的商品图像

网店卖家在处理商品图片时，如果要抠取的某个商品图像呈现出半透明的效果，那么可以使用Photoshop中的"色彩范围"命令将图像中半透明的部分抠取出来。"色彩范围"是一个利用图像中的颜色变化关系来制作选择区域的命令，此命令会根据选取色彩的相似程度，在图像中提取相似的色彩区域从而生成选区。下面介绍通过"色彩范围"命令抠取商品的具体操作方法。

步骤 01 按【Ctrl+O】组合键，打开商品图像素材，如图5-7所示。

图5-7 打开素材图像

步骤 02 在菜单栏中单击"选择"|"色彩范围"命令，如图5-8所示。

步骤 03 执行上述操作后，即可弹出"色彩范围"对话框，❶ 设置"颜色容差"为20；❷ 选中"选择范围"单选按钮，如图5-9所示。

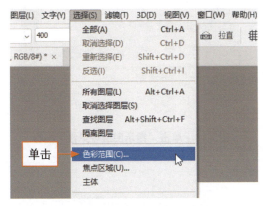

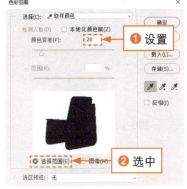

图5-8　单击"色彩范围"命令　　　　图5-9　设置参数

步骤 04 在"色彩范围"对话框中选中吸管工具，将吸管工具移至图像中的白色区域并单击鼠标左键，然后单击对话框中的"确定"按钮，即可选中图像中的白色区域，如图5-10所示。

步骤 05 在菜单栏中单击"选择"|"反选"命令，如图5-11所示。

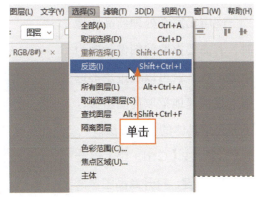

图5-10　选中空白区域　　　　图5-11　单击"反选"命令

步骤 06 执行上述操作后，即可选中商品图像，效果如图5-12所示。

步骤 07 按【Ctrl+J】组合键，得到"图层1"图层，单击"背景"图层前的"指示图层可见性"图标 ◉ ，如图5-13所示。

图5-12 选中商品图像

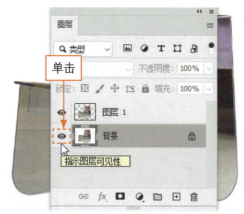

图5-13 单击"指示图层可见性"图标

步骤 08 执行上述操作后,即可隐藏"背景"图层,效果如图5-14所示。

5.1.3 抠取外形规则的商品图像

网店卖家在处理商品图像时,若需要抠取的图像轮廓为矩形形状,就可以通过矩形选框工具快速地抠取商品图像,下面介绍具体的抠图方法。

图5-14 最终效果

步骤 01 按【Ctrl+O】组合键,打开商品图像素材,如图5-15所示。

步骤 02 在工具箱中选取矩形选框工具,如图5-16所示。

图5-15 打开素材图像

步骤 03 执行上述操作后,将鼠标移动至图像编辑窗口中,在合适位置上单击鼠标左键并拖曳，至合适位置后释放鼠标，即可创建一个矩形选区，如图5-17所示。

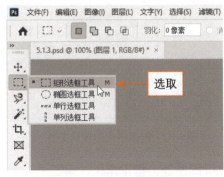

图5-16 选取矩形选框工具

图5-17 创建选区

步骤 04 按【Ctrl+J】组合键，得到"图层1"图层，单击"背景"图层前的"指示图层可见性"图标，即可隐藏"背景"图层，效果如图5-18所示。

图5-18 最终效果

5.1.4 抠取外形不规则的商品图像

网店卖家在美化商品图像时，若商品图像边缘轮廓呈直线，则可使用多边形套索工具进行抠取。多边形套索工具可以创建直边的选区，其优点是只需要单击就可以选取边界规则的图像，可以制作出非常精确的选区。下面介绍通过多边形套索工具抠取商品的具体操作方法。

步骤 01 按【Ctrl+O】组合键，打开商品图像素材，如图5-19所示。

步骤 02 ❶ 选取工具箱中的多边形套索

图5-19 打开素材图像

工具；❷在工具属性栏中设置"羽化"为0像素，如图5-20所示。

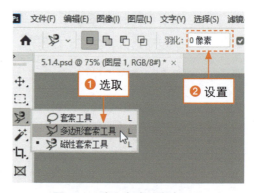

图5-20 选取多边形套索工具

步骤 03 将鼠标移至图像编辑窗口中的合适位置，❶单击鼠标左键指定起点；❷继续在图像边缘的转角处单击鼠标左键，指定第二、第三点，如图5-21所示。

图5-21 指定点

步骤 04 用与上面同样的方法，沿商品图像边缘依次单击其他点，最后再在起始点处单击鼠标左键，即可创建选区，如图5-22所示。

步骤 05 按【Ctrl+J】组合键，得到"图层1"图层，单击"背景"图层前的"指示图层可见性"图标👁，如图5-23所示。

图5-22 创建选区

图5-23 单击"指示图层可见性"图标

步骤 06　执行上述操作后，即可隐藏"背景"图层，效果如图5-24所示。

图5-24　最终效果

5.2 素材强化：精致图像点亮店铺页面

本节通过运用钢笔工具、快速蒙版工具以及通道来对网店商品的抠图操作进行讲解，对商品图像素材的抠取技巧进一步强化，下面介绍具体的抠图方法。

5.2.1 抠取多轮廓的商品图像

网店卖家处理商品图片时，若所拍摄的商品轮廓呈多边形且模糊，可以使用钢笔工具先绘制直线路径，然后转换为选区抠取商品。钢笔工具是矢量绘图工具，其优点是可以勾选平滑的曲线，可以更加精确地描出商品图像的边缘。下面介绍通过钢笔工具抠取商品的具体操作方法。

步骤 01　按【Ctrl+O】组合键，打开商品图像素材，如图5-25所示。

图5-25　打开素材图像

步骤 02　选取工具箱中的钢笔工具，如图5-26所示。

步骤 03　选取钢笔工具后，在工具属性栏中选中"自动添加/删除"复选框，可以自动加减路径上的锚点，如图5-27所示。

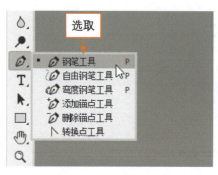

图5-26　选取钢笔工具

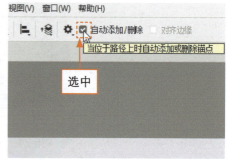

图5-27　选中"自动添加/删除"复选框

步骤 04　将鼠标移至图像编辑窗口中，沿图像边缘处单击鼠标左键，创建锚点绘制路径，如图5-28所示。

步骤 05　在菜单栏中单击"窗口"|"路径"命令，如图5-29所示。

图5-28　绘制路径

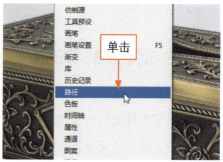

图5-29　单击"路径"命令

步骤 06　展开"路径"面板，单击面板底部的"将路径作为选区载入"按钮，如图5-30所示。

步骤 07　执行上述操作后，即可创建选区，效果如图5-31所示。

图5-30　单击"将路径作为选区载入"按钮

步骤 08 展开"图层"面板，按【Ctrl+J】组合键，得到"图层1"图层，单击"背景"图层前的"指示图层可见性"图标👁，如图5-32所示。

图5-31 创建选区

图5-32 单击"指示图层可见性"图标

步骤 09 执行上述操作后，即可隐藏"背景"图层，得到钢笔工具抠取出的商品图像，最终效果如图5-33所示。

图5-33 最终效果

5.2.2 抠取图像局部边界不清晰的商品图像

在处理商品图像时，若图像中的商品颜色与背景颜色呈渐变色彩，或商品主体阴影变化丰富，这时可以通过快速蒙版来抠取商品图像。快速蒙版是指在图像上创建一个暂时的蒙版效果，常用来精确定义选区。下面介绍通过快速蒙版抠取商品的具体操作方法。

步骤 01 按【Ctrl+O】组合键，打开商品图像素材，如图5-34所示。

步骤 02 在"路径"面板中，选中"工作路径"，如图5-35所示。

图5-34 打开素材图像

图5-35 选择"工作路径"

步骤 03 按【Ctrl+Enter】组合键,或者单击面板底部的"将路径作为选区载入"按钮 ,即可将路径转化为选区,如图5-36所示。

步骤 04 在工具箱底部单击"以快速蒙版模式编辑"按钮 ,图像即可进入快速蒙版编辑状态,如图5-37所示。

图5-36 转化为选区

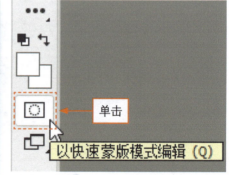

图5-37 单击"以快速蒙版模式编辑"按钮

> **专家指点**
>
> 快速蒙版还可用于保护图层不被整体或其他操作影响,以及应用于图层之间的合并效果,按【Alt+S+O】组合键,即可使图像进入快速蒙版状态。

步骤 05 图像在快速蒙版状态下,可以看到红色的保护区域和物体多选的区域,如图5-38所示。

步骤 06 选取工具箱中的画笔工具,设置画笔"大小"为20像素、"硬度"为100%,如图5-39所示。

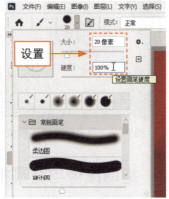

图5-38 启用快速蒙版　　　　　图5-39 设置参数

步骤 07 单击"设置前景色"按钮,弹出"拾色器(前景色)"对话框,设置前景色为黑色(RGB值均为0),如图5-40所示。

步骤 08 单击"确定"按钮,移动鼠标至图像编辑窗口中,按住鼠标左键并拖曳,进行适当擦除,如图5-41所示。

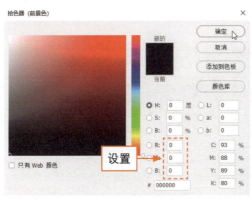

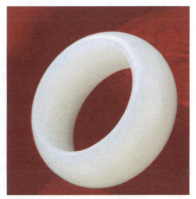

图5-40 设置前景色　　　　　图5-41 适当擦除

步骤 09 在工具箱底部单击"以标准模式编辑"按钮,退出快速蒙版模式,如图5-42所示。

步骤 10 展开"图层"面板,按【Ctrl+J】组合键,拷贝新图层,并隐藏"背景"图层,效果如图5-43所示。

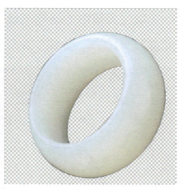

图5-42　退出快速蒙版模式　　　　图5-43　最终效果

5.2.3 抠取图像与背景相近的商品图像

对商品图像进行抠图时，有些产品与背景颜色过于相近，导致抠图不是那么方便，此时可以利用"通道"面板，结合其他命令对图像进行适当的调整。下面介绍通过调整通道对比抠取商品的具体操作方法。

步骤 01 按【Ctrl+O】组合键，打开商品图像素材，如图5-44所示。

步骤 02 展开"通道"面板，分别单击查看通道显示效果，拖动"红"通道至面板底部的"创建新通道"按钮上，复制一个通道，如图5-45所示。

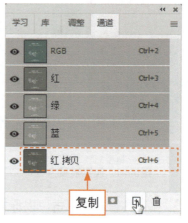

图5-44　打开素材图像　　　　图5-45　复制通道

步骤 03 选择复制的"红 拷贝"通道，单击"图像"|"调整"|"亮度/对比度"命令，弹出"亮度/对比度"对话框，设置各参数，如图5-46所示。

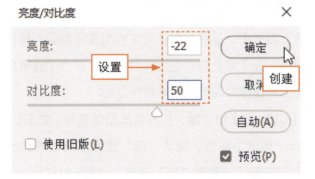

图5-46 调整"亮度/对比度"

步骤 04 在工具箱中选取快速选择工具,在工具属性栏中设置画笔"大小"为3像素。在商品图像上拖曳鼠标创建选区,如果有多余的部分,单击工具属性栏中的"从选区减去"按钮,将画笔调小,减去多余部分,如图5-47所示。

图5-47 创建选区

步骤 05 在"通道"面板中单击RGB通道,退出通道模式,返回RGB模式,如图5-48所示。

步骤 06 按【Ctrl+J】组合键,拷贝一个新的图层,并隐藏"背景"图层,效果如图5-49所示。

图5-48 返回RGB模式

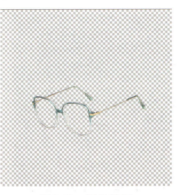

图5-49 最终效果

5.2.4 抠取透明的商品图像

在"通道"面板中,显示为白色的统称为选区部分,黑色为非选区部分。抠出图像后,介于黑色和白色之间的灰色,即为半透明部分。下面介绍通过调整通道对比抠取商品的具体操作方法。

步骤 01 按【Ctrl+O】组合键,打开商品图像素材,如图5-50所示。

步骤 02 展开"通道"面板,拖动"蓝"通道至面板底部的"创建新通道"按钮 上,复制"蓝"通道,如图5-51所示。

图5-50 打开素材图像　　图5-51 复制通道

步骤 03 单击"图像"|"调整"|"反相"命令,将图像反相,如图5-52所示。

步骤 04 单击"图像"|"调整"|"色阶"命令,弹出"色阶"对话框,单击"在图像中取样以设置黑场"按钮 ,在背景处单击鼠标设置黑场,如图5-53所示。

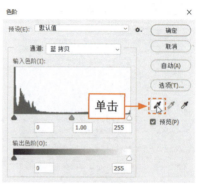

图5-52 反相图像　　图5-53 调整色阶

> **专家指点**
>
> 除了运用上述方法反相图像外,还可以按【Ctrl+I】组合键,快速应用"反相"命令,对图像进行反相。

步骤 05 单击"确定"按钮,在工具箱中选取画笔工具,在工具属性栏中设置画笔"大小"为10像素、"不透明度"为100%、前景色为白色,在商品图像上的黑色区域进行适当涂抹,如图5-54所示。

步骤 06 按住【Ctrl】键的同时,单击"蓝 拷贝"通道,载入选区,单击RGB通道,退出通道模式,返回RGB模式,如图5-55所示。

图5-54　涂抹图像

图5-55　退出通道模式

步骤 07 按【Ctrl+J】组合键,拷贝一个新图层,如图5-56所示。

步骤 08 单击"背景"图层前的"指示图层可见性"图标 ◉ ,即可隐藏"背景"图层,效果如图5-57所示。

图5-56　拷贝一个新图层

图5-57　最终效果

5.3 图像合成：提高商品点击率的秘密

处理好图像后，为了提升商品图像的品质，还需要对图像行更多的编辑，例如为美化图像添加装饰元素，为防止出现盗图的情况添加水印，添加边框素材让板式更分明等。本节将对图像合成等相关操作进行讲解。

5.3.1 合成装饰元素让画面更丰富

图层混合模式是Photoshop中最核心的功能之一，也是图像处理中最常见的一种技术手段，下面介绍通过图层混合模式对装饰元素进行合成的具体操作方法。

(1) 使用"变暗"模式合成装饰元素

在做商品图片美化时，经常需要在商品上添加素材，若素材图像和商品颜色相差巨大且背景无黑色时，可使用"变暗"模式合成图像。下面介绍通过"变暗"模式合成商品图像的具体操作方法。

步骤 01 按【Ctrl+O】组合键，打开商品图像素材①，如图5-58所示。

步骤 02 在图像文件窗口中，置入素材②，调整图像的大小与位置，如图5-59所示。

图5-58　打开素材图像

图5-59　调整大小与位置

步骤 03 再次调整图像素材②的大小与旋转角度，按【Enter】键确认，如图5-60所示。

步骤 04 选择图像素材②,在"图层"面板中的"设置图层的混合模式"列表框中,选择"变暗"选项,即可用"变暗"模式进行合成,效果如图5-61所示。

图5-60 调整图像　　　　　　图5-61 最终效果

（2）使用"滤色"模式合成装饰元素

在做商品图片美化时,经常需要在商品图像上使用素材做特殊效果,若素材图像复杂难以抠取且背景呈黑色时,可使用"滤色"模式进行图像合成。下面介绍通过"滤色"模式抠取商品的具体操作方法。

步骤 01 按【Ctrl+O】组合键,打开商品图像素材①,如图5-62所示。

步骤 02 在图像文件窗口中,置入素材②,如图5-63所示。

图5-62 打开素材图像　　　　　图5-63 移动素材图像

步骤 03 选取工具箱中的移动工具,将素材移至合适的位置,调整图像素材②的大小、角度和位置，如图5-64所示。

步骤 04 按【Enter】键确认，在"图层"面板中的"设置图层的混合模式"列表框中，选择"滤色"选项，即可用"滤色"模式进行合成，效果如图5-65所示。

图5-64　调整图像　　　　　　　图5-65　最终效果

5.3.2 添加半透明水印防止被盗图

为设计和处理好的商品图片添加水印，即可有效防止图片滥用，在Photoshop中制作具有自己店铺标识的水印，还能在一定程度上宣传自己的店铺。下面介绍添加半透明水印的具体操作方法。

步骤 01 按【Ctrl+O】组合键，打开商品图像素材，如图5-66所示。

步骤 02 在工具箱中选取横排文字工具，在图像编辑窗口中，输入相应的文字，并在工具属性栏中设置好文字的大小、颜色和字体，如图5-67所示。

 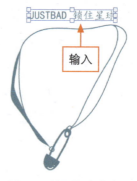

图5-66　打开商品图像素材　　　　图5-67　输入相应文字

步骤 03 选取移动工具，将文字移至商品图像中的合适位置，如图5-68所示。

步骤 04 在"图层"面板中，选中上一步骤所添加的文本图层，更改该图层的"不透明度"参数为50%，即可制作出半透明的水印效果，如图5-69所示。

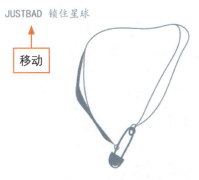

图5-68 移动商品图像

图5-69 更改文字图层的"不透明度"

5.3.3 制作边框效果让版式更分明

添加边框效果可以使商品图像更有凝聚感，使商品主体更突出，通过Photoshop可以制作出商品图像的边框效果，下面介绍具体操作方法。

步骤 01 按【Ctrl+O】组合键，打开商品图像素材，如图5-70所示。

步骤 02 按【Ctrl+Shift+N】组合键，新建一个图层，在工具箱中选取矩形选框工具，创建一个选区，如图5-71所示。

图5-70 打开商品图像素材　　图5-71 新建一个选区

步骤 03 在工具箱中选取吸管工具，吸取商品主体上的绿色为前景色，单击"选择"|"反选"命令，如图5-72所示。

步骤 04 按【Alt+Delete】组合键，对选区进行填充，按【Ctrl+D】组合键，取消选区，最终效果如图5-73所示。

图5-72 单击"反选"命令　　图5-73 最终效果

第6章

图文编辑：吸引消费者

在网店的内容营销中，图文的呈现是一个重要的信息传递途径，也是网店营销中需要重点设计的一个部分。图片比文字的表现力更直接、更快捷、更形象、更有效，可以让商品的信息传递更简洁，而文字则可以对图片进行补充说明。本章主要介绍图文内容营销的视觉设计技巧，帮助商家轻松打造出爆款产品。

6.1 文字应用：字体赋予页面竞争力

在网店页面设计中，文字的表现也是很重要的，它可以对商品、活动、服务等信息进行及时的说明和指引，并且通过合理的设计和编排，让信息的传递更加准确。本节将对网店页面中的文字设计和处理进行详细讲解。

6.1.1 文字要易于识别

在设计网店页面中的文字时，要谨记文字不但是设计者传达信息的载体，也是网店页面设计中的重要元素，必须保证文字的可读性，用严谨的设计态度进行创新。通常，经过艺术设计的字体，可以使网店页面更形象、更具美感，并能让消费者记住。

随着智能手机的崛起，人们在智能手机上进行操作、阅读与信息浏览的时间越来越长，也促使人们的阅读体验变得越来越重要。在网店页面中，文字是影响消费者购买体验的关键元素之一，因此设计者必须让页面中的文字可以被消费者轻松准确地识别并理解。

如图6-1所示，左图为有英文的产品图，消费者需花费一定的时间来识别英文所传达的信息；而右图为无英文的产品图，两者一比较，左图的英文属于无效信息，右图的信息则更清楚明了。

图6-1　有无英文的产品图

在进行网店页面的设计与文字编排时，应该多使用一些消费者比较熟悉与常见的词语进行搭配，这样不仅可以避免让消费者去思考其含义，还可以防止消费者对文字产生歧义，让其更加轻松地对页面进行识别。另外，还要注意避免使用不常见的字体，这些缺乏识别度的字体可能会让消费者难以理解其中的文字信息，如图6-2所示。

图6-2　避免使用不常见的字体

6.1.2 文字的层次感要强

在设计以英文为主的页面时，设计者可以巧用字母的大小写变化，不但可以使文字更加具有层次感，而且还可以使文字信息在造型上富有乐趣，同时给消费者带来一定的视觉舒适感，让其更加快捷地接受页面中的文字信息。

图6-3所示为采用不同书写方式的页面，通过这3张图的对比可以发现，左图和中图中的英文全部为大写或小写字母，页面文字整体上显得十分呆板，给消费者带来的阅读体验较差；而右图则采用传统首字母大写的组合穿插方式，让页面中的文字信息变得更加灵活，可以突出重点，更便于消费者阅读。

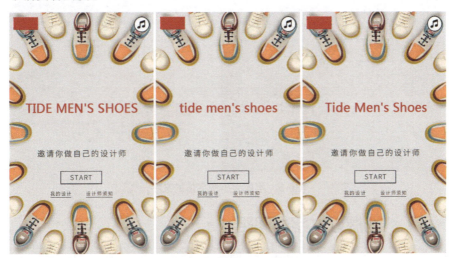

图6-3　采用不同书写方式的页面文字

另外，设计网店页面中的文字效果时，还可以通过不同粗细或不同类型的字体，打造出不同的视觉效果，如图6-4所示。

图6-4　不同粗细的字体

6.1.3 清晰地表达文字信息

在设计网店页面中的文字效果时，除了要注意英文字母的大小写外，字体以及字体大小的设置也是影响效果表达的一个重要因素。图6-5所示为不同大小的文字穿插使用的图片，通过比较可以发现，不同大小和字体的文字可以更清晰地表达文字信息，有助于消费者快速抓住文字的重点，可以达到快速吸引消费者眼球的效果。

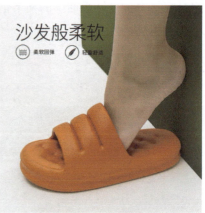

图6-5　不同大小和字体的文字

6.1.4 把握好文字的间距

在网店页面的文字设计中，不同的文字间距也会带来不一样的阅读感受。例如，文字之间过于紧密可能会带给消费者更多的紧迫感，而过于稀疏则会使文字显得断断续续，缺少连贯感。因此，在进行网店页面的文字设计时，一定要把握好文字的间距，这样才能给消费者带来流畅的阅读体验。

图6-6所示为使用不同文字间距的图片，右边图片中的正文显得十分拥挤，消费者在浏览时容易产生疲劳感。对行距和字符间距进行适当的调整后，可以减轻消费者的阅读负担，而且更能让消费者提起阅读的兴趣。

图6-6　不同文字间距的效果

6.1.5 适当设置文字的色彩

适当地设置网店页面中的文字色彩，也可以提高可读性。通常的手法是给文字内容穿插不同的颜色或者增强文字与背景色彩之间的对比，使页面中的文字有更强的表现能力，帮助消费者更快地理解文字信息，同时也方便消费者对其进行浏览。

图6-7所示为使用不同色彩文字的图片，图中的文字大小和间距保持统一，仅仅通过改变不同区域的文字色彩，就能使所要传达的信息更加明显，商家可以利用此方法来突出网店页面产品中的重点信息。

图6-7　适当设置文字的色彩

6.2 图片处理：让商品更有吸引力

商家如果想要让平台上的图片更吸引人，获得更多消费者的关注，需要做到以下几点。

6.2.1 视觉设计需富有创意

各电商平台店铺的图片内容一般要突出主题或是卖点，通过富有创意的视觉设计来吸引消费者，让他们感觉有东西可看。例如，采用明暗对比构图来突出茶壶产品的主题，明亮的产品与暗淡的背景相互映衬，体现出一种节奏分明、有张有弛的视觉感受，如图6-8所示。

图6-8　茶壶产品视觉设计

6.2.2 色彩设计能绚丽夺目

色彩设计能够让图片富有极强的表现力和视觉上的冲击。对于进入店铺的顾客来说，他们首先会被图片色彩所吸引，然后根据色彩的走向对画面的主次逐一进行了解。把店铺图片的色彩设计好，就会在视觉上吸引消费者，从而提高店铺的转化率。

图6-9所示为色相差异较大的对比配色的店铺图片效果，使用差异较大的单色背景来对画面进行分割，使其色相之间产生较大的差异，这样产生的对比效果就是色相对比配色。可以让画面色彩更丰富，更具有感官刺激性，更容易吸引消费者，让消费者产生浓厚的兴趣。

图6-9 对比配色

6.2.3 视觉灵魂蕴含丰富

各电商平台店铺的图文内容设计必须蕴含丰富的"视觉灵魂",不但可以起到辅助销售的作用,还能具备一定的营销属性,促进品牌的推广。

图6-10所示为以黑白色的视觉重点推出的一款产品,整体看上去具有一定的视觉冲击力。在内容策划方面,重点突出产品的品牌定位,如"简约""包豪斯"以及"神秘"等关键词,丰富内容的可读性,提高商品的购买率。

图6-10 手表产品图片设计

6.2.4 动图会产生动感效果

在店铺的视觉设计中,"动图"的设计更引人入胜,对商品的展示也更加立体和全面。动图对于消费者的引导性比文字来得更加直接,效果也更好。

人都是视觉动物,往往重视第一眼的感觉,在店铺中放上一张能吸引人的动图,可以令人眼前一亮,能吸引消费者继续了解它。

6.3 5个图文优化创意的方法

商家的商品权重很高,排名也非常靠前,关键词展现资源也非常多,但点击率就是上不来。此时,可能是主图创意出了问题。本节主要介绍主图创意的优化技巧,帮助商家提升创意质量,带来更多点击和转化。

6.3.1 用一秒法则传达信息

"一秒法则"是指在一秒钟之内,将创意主图中的营销信息有效地传达给消费者,也就是让消费者通过图片"秒懂"商品的意思。如果商品主图中的信息非常多,包括商品图片、商品品牌、商品名称、广告语、产品卖点以及应用场景等内容,对于消费者来说,显然是无法在一秒钟之内就看明白的。

商品图像中的信息过于杂乱,消费者很难快速看出该商品与同类型产品有哪些差异化的优势,也无法精准对接消费者的真实需求,如图6-11所示。

图6-12所示为商品主图,图中的文案只有简单的两句话,能够让消费者快

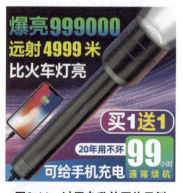

图6-11 过于杂乱的图片示例

图6-12 简单明了的图片示例

速了解产品的价格和特点。如果文案恰好能满足消费者的需求，则很容易吸引消费者点击图片去查看商品的详情。

大部分消费者在浏览商品时，速度都是比较快的，可能短短几秒钟会看几十个同类型的产品，通常不会太过注意图片中的内容。因此，商家一定要在商品主图上放置能够引起消费者购买兴趣的有效信息，不能让多余的信息成为消费者的负担。

主图对于商品销售来说非常重要，那些内容不全面、抓不到重点的主图引流效果是很难吸引消费者关注的。因此，商家在设计商品创意主图时，一定要突出重点信息，将产品的核心卖点充分展现出来，并且加以修饰和润色。对于那些无关紧要的内容，一定要及时删除，不要影响主图的表达。

6.3.2 ● 抓住消费者的需求痛点

创意图片不但要设计得美观大气，也要能充分体现商品的核心卖点，从而戳中消费者的痛点，这样消费者才有可能为你的商品驻足。例如，商家卖的产品是卷纸，卷纸的数量多少和材质如何一般是消费者所考虑的，因此可在主图上体现出该产品数量多和质量好的特点，如图6-13所示。

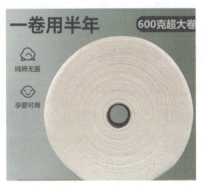

图6-13 卷纸图片示例

很多时候，商品销量不高并不是商家提炼的卖点不够好，而是商家认为的卖点并不是消费者的痛点所在。卖点如果不能解决消费者的需求，那么对消费者来说就自然没有吸引力了。当然，前提是商家要做好产品定位，明确自己的目标群体追求什么，以此为根据进行创意图片的优化设计。

例如，消费者想买一个材质安全性比较高的保温盒，而商家在主图上突出的信息是产品功能的内容，这样就无法吸引消费者点击了，如图6-14所示。

商家一定要记住，消费者的痛点才是你创意主图的卖点。图片上展示的信息如果与消费者的实际需求相符，能够有效地传达出商品信息，点击率自然就会高。

图6-14 保温盒图片示例

> **专家指点**
>
> 创意主图一定要紧抓消费者需求，切忌一味追求"高大上"，写一些毫无价值的内容，商家必须要知道自己的目标人群想看什么。例如，如果你的目标人群是中低消费水平群体，他们要的就是性价比；如果你的目标人群是高消费水平群体，则他们要的是品质与消费体验。

6.3.3 提高点击的5个关键

在设计创意图片或主图的文案内容时，文案的重要性决定你的图片是否有消费者点击。切忌把所有卖点都罗列在创意主图之上，主图设计的目的是吸引消费者直接点击，写好一个主图文案要注意以下几个关键点。

➢ 你要写给谁看——消费者定位。

➢ 他的需求是什么——消费者痛点。

➢ 他的顾虑是什么——打破疑虑。

➢ 你想让他看什么——展示卖点。

➢ 你想让他做什么——吸引点击。

商家不仅要紧抓消费者需求，而且要用一个精炼的文案表达公式来提升点击率,切忌絮絮叨叨、毫无规律地罗列相关卖点。

6.3.4 提炼产品的核心卖点

如果商家的主营产品是手机、空调、电视机或者冰箱等功能性产品,消费者在购买时,对于产品的品牌和性能通常都有一定的要求。因此,商家可以在主图或创意图中提炼产品的核心卖点,并展现品牌的正品和保障,从而吸引消费者的注意,如图6-15所示。

图6-15 标品的创意主图设计示例

6.3.5 突出产品的使用效果

如果商家的主营产品是箱包、服装或者鞋子等非标品类产品,消费者在购买时,首先想到的就是产品的美观度。因此,商家在设计主图或创意图片时,必须先满足消费者的这种消费心理,通过图片信息来突出产品的使用效果,如图6-16所示。

图6-16 非标品的创意主图设计示例

第 7 章

视频剪辑：
好内容引爆销量

视频剪辑是制作一个视频必不可少的环节，对视频进行剪辑不仅能够打造商家想要的视觉效果，对于视频拍摄中出现的问题，也能够及时进行处理。好的视频内容不但能吸引消费者，也能够为店铺带来流量，从而提高店铺的转化率。本章主要介绍视频剪辑的基本操作技巧。

▶扫码看教程◀

▶扫码看效果◀

7.1 视频剪辑：手把手教会你做影视后期

对视频进行剪辑是制作视频过程中最基本的操作，包括导入需要的视频片段、剪辑多余的视频片段、对视频进行变速处理、添加开场动画效果、添加视频画面特效等。本节主要介绍运用剪映对视频进行剪辑的操作方法。

7.1.1 导入需要的视频片段

在剪映中剪辑视频之前，首先要将视频素材导入界面中，才能对视频进行后续的剪辑操作。下面介绍导入视频片段的操作方法。

步骤 01　打开剪映软件，在主界面上单击"开始创作"按钮➕，如图7-1所示。

图7-1　单击"开始创作"按钮

步骤 02　进入视频剪辑界面，单击"导入素材"按钮➕，如图7-2所示。

图7-2　单击"导入素材"按钮

步骤 03　弹出"请选择媒体资源"对话框，选择相应的视频文件，如图7-3所示。

步骤 04　单击"打开"按钮，将视频文件导入"本地"素材库，如图7-4所示。

步骤 05　在"本地"素材库中选择一个视频素材，在

图7-3　选择相应的视频文件

右侧的视频预览窗口中，即可自动播放视频效果，如图7-5所示。

图7-4 导入文件到"本地"素材库

图7-5 自动播放视频效果

> **专家指点**
>
> 预览窗口左下角的时间，表示当前时间指示器所在位置的视频时长和视频的总时长。单击右下角的 按钮，可全屏预览视频效果。单击"播放"按钮 ，即可播放视频。在进行视频编辑操作后，单击"撤回"按钮 ，即可撤销上一步操作。

7.1.2 剪辑多余的视频片段

对视频进行分割处理，然后删除多余的视频片段，这些操作在剪辑视频中很常用。下面介绍剪辑多余视频片段的操作方法。

步骤 01 在"本地"素材库中选择视频4，单击素材缩略图右下角的添加按钮 ，即可将导入的视频添加到视频轨道中，如图7-6所示。

图7-6 单击添加按钮

步骤 02 ❶ 在视频轨道中选中视频4；❷ 拖曳时间指示器至00:00:03:00的位置；❸ 单击"分割"按钮 ，如

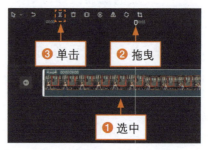

图7-7 单击"分割"按钮

图7-7所示。

> **步骤 03** 执行操作后，即可分割视频，在视频轨道中选中视频4的前半部分，如图7-8所示。

> **步骤 04** 单击"删除"按钮，即可删除选中的视频，效果如图7-9所示。

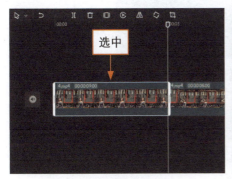
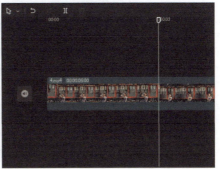

图7-8　选中视频4的前半部分　　　图7-9　删除选中的视频

7.1.3 对视频进行变速处理

当有些视频时间过长或过短时，可以在剪映中对视频进行变速操作，从而调整视频的时长。下面介绍对视频进行变速处理的具体操作方法。

> **步骤 01** 在本地素材库中选择视频素材3，单击素材缩略图右下角的添加按钮，并在视频轨道中选中视频3，如图7-10所示。

> **步骤 02** 在"变速"操作区的"常规变速"选项卡中，拖曳"倍数"滑块，设置"倍数"为0.5x，如图7-11所示。

> **步骤 03** 执行上述操作后，即可延长视频的时间，如图7-12所示。

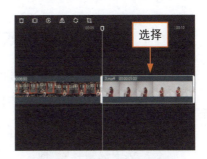

图7-10　添加并选中视频3

图7-11　设置"倍数"为0.5x

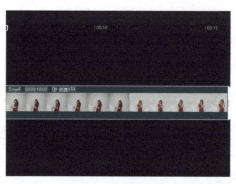

图7-12 延长视频时间

> **专家指点**
>
> 除了可以根据音乐的变化调整视频速度外,还可以根据视频画面的转换来调整播放速度。

7.1.4 添加开场动画效果

在剪映中,"特效"的功能非常强大,运用剪映的"特效"功能,可以给视频打造一个开场动画效果。下面介绍添加开场动画效果的操作方法。

步骤 01 ❶ 在视频轨道中选中视频4;❷ 拖曳时间指示器至视频的起始位置,如图7-13所示。

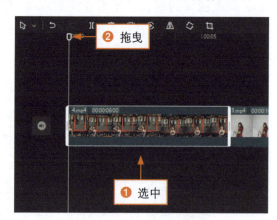

步骤 02 切换至"特效"功能区,在"基础"选项卡中单击"开幕"特效中的添加按钮 ,如图7-14所示。

图7-13 选中视频4

步骤 03 执行操作后,即可在视频轨道中的时间指示器后添加一个"开幕"特效,并适当调整其时长,如图7-15所示。

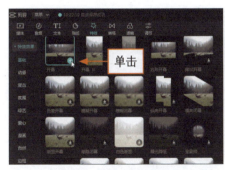
图7-14 单击添加按钮

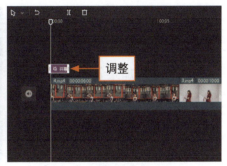
图7-15 添加"开幕"特效

> **专家指点**
>
> 在剪映"特效"功能区的"基础"选项卡中,提供了多种基础特效,包括镜像、虚化、轻微放大、开幕、闭幕、模糊、清晰以及电影画幅等特效。

7.1.5 添加视频画面特效

给视频添加画面特效,不但可以丰富内容,还可以打造良好的视觉效果。下面介绍为视频添加画面特效的具体操作方法。

步骤 01 ❶ 在视频轨道中选中视频3;❷ 拖曳时间指示器至00:00:06:00的位置,如图7-16所示。

步骤 02 切换至"特效"功能区,在"光影"选项卡中单击"树影"特效中的添加按钮,如图7-17所示。

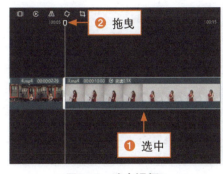
图7-16 选中视频3

图7-17 单击添加按钮1

步骤 03 执行操作后,即可在视频轨道中的时间指示器后添加一个"树影"特效,并适当调整其时长,如图7-18所示。

图7-18 添加"树影"特效

步骤 04 在"本地"素材库中选择视频1,单击素材缩略图右下角的添加按钮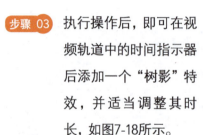,添加素材,如图7-19所示。

图7-19 单击添加按钮2

步骤 05 在视频轨道中选中视频1,❶ 拖曳时间指示器至00:00:18:15的位置,单击"分割"按钮,分割视频素材;❷ 选中视频轨道中视频1的前半部分,如图7-20所示。

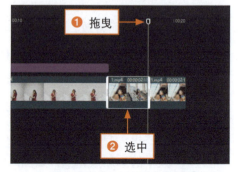

图7-20 单击"分割"按钮

步骤 06 拖曳时间指示器至00:00:16:00的位置,切换至"特效"功能区,在"基础"选项卡中单击"相机网格"特效中的添加按钮,如图7-21所示。

步骤 07 执行操作后,即可在视频轨道中的时间指示器后添加一个"相机网格"特效,并适

图7-21 单击添加按钮3

当调整其时长，如图7-22所示。

步骤 08　❶ 在视频轨道中选中视频1的后半部分；❷ 拖曳时间指示器至00：00：18：15的位置，如图7-23所示。

步骤 09　切换至"特效"功能区，在"分屏"选项卡中单击"两屏"特效中的添加按钮➕，如图7-24所示。

步骤 10　执行操作后，在视频轨道中的时间指示器后添加一个"两屏"特效，并适当调整其时长，如图7-25所示。

步骤 11　在"本地"素材库中选择视频2，单击素材缩略图右下角的添加按钮➕，如图7-26所示。

图7-22　添加"相机网格"特效

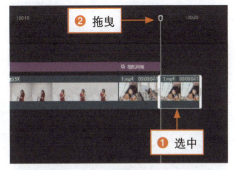

图7-23　选中视频1的后半部分

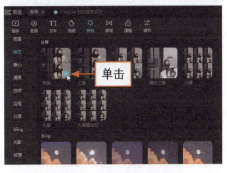

图7-24　单击添加按钮4

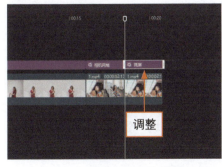

图7-25　添加"两屏"特效

图7-26　单击添加按钮5

步骤 12 ❶ 在视频轨道中选中视频2；❷ 拖曳时间指示器至00：00：20：28的位置，如图7-27所示。

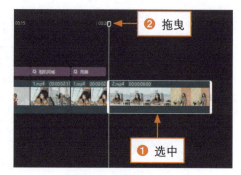

图7-27 选中视频2

步骤 13 切换至"特效"功能区，在"自然"选项卡中单击"落樱"特效中的添加按钮➕，如图7-28所示。

步骤 14 执行操作后，即可在视频轨道中的时间指示器后添加一个"落樱"特效，并适当调整其时长，如图7-29所示。

图7-28 单击添加按钮6

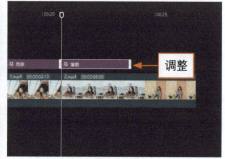

图7-29 添加"落樱"特效

7.1.6 添加转场动画效果

在制作短视频时，可根据不同场景的需要，添加合适的转场效果和动画效果，让画面之间的切换更加自然流畅。下面介绍为视频添加转场动画效果的具体操作方法。

步骤 01 在视频轨道中选中视频4，❶ 拖曳时间指示器至00：00：03：01的位置；❷ 单击"分割"按钮；❸ 选中视频4的后半部分，如图7-30所示。

步骤 02 切换至"转场"功能区，在"基础转场"选项卡中单击"镜像翻转"转场中的添加按钮➕，如图7-31所示。

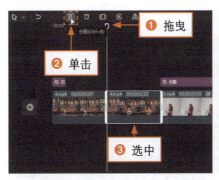
图7-30 选中视频4的后半部分

图7-31 单击添加按钮1

步骤 03 在"转场"操作区,设置"转场时长"为0.7秒,如图7-32所示。

步骤 04 ❶在视频轨道中选中视频3;❷拖曳时间指示器至00:00:06:00的位置,如图7-33所示。

图7-32 设置"转场时长"参数1

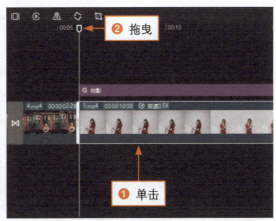
图7-33 选中视频3

步骤 05 切换至"转场"功能区,在"遮罩转场"选项卡中单击"画笔擦除"转场中的添加按钮➕,如图7-34所示。

步骤 06 在"转场"操作区,设置"转场时长"为

图7-34 单击添加按钮2

0.7s，如图7-35所示。

步骤 07　在视频轨道中选中视频3，❶ 拖曳时间指示器至00：00：10：11的位置，单击"分割"按钮；❷ 在视频轨道中选中视频3的后半部分，如图7-36所示。

图7-35　设置"转场时长"参数2

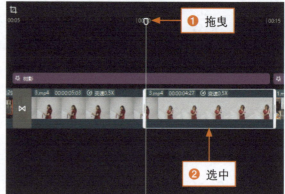

图7-36　选中视频3的后半部分

步骤 08　切换至"转场"功能区，在"基础转场"选项卡中单击"色彩溶解"转场中的添加按钮，如图7-37所示。

步骤 09　在"转场"操作区，设置"转场时长"为0.7秒，如图7-38所示。

图7-37　单击添加按钮3

图7-38　设置"转场时长"参数3

步骤 10　❶ 在视频轨道中选中视频1的前半部分；❷ 拖曳时间指示器至00：00：14：16的位置，如图7-39所示。

步骤 11 切换至"转场"功能区,在"基础转场"选项卡中单击"模糊"转场中的添加按钮,如图7-40所示。

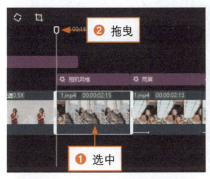

图7-39 选中视频1的前半部分

图7-40 单击添加按钮4

步骤 12 在"转场"操作区,设置"转场时长"为0.7秒,如图7-41所示。

步骤 13 ❶ 在视频轨道中选中视频1的后半部分;❷ 拖曳时间指示器至00:00:16:09的位置,如图7-42所示。

图7-41 设置"转场时长"参数4

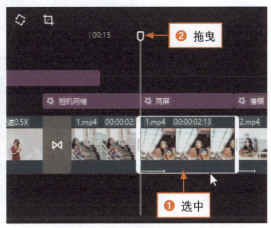

图7-42 选中视频1的后半部分

步骤 14 在"动画"操作区的"入场"选项卡中,❶ 选择"轻微抖动"入场动画;❷ 设置"动画时长"为0.6秒,如图7-43所示。

步骤 15 选中视频2,移动时间指示器至相应位置,进行分割操作,❶ 选择前半部分的视频;❷ 拖曳时间指示器至00:00:18:22的位置,如图7-44所示。

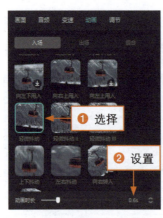

图7-43 添加入场动画并设置时长1

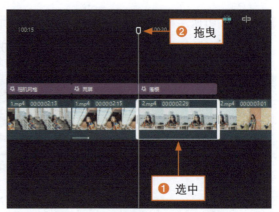

图7-44 选中视频2的前半部分

步骤 16 在"动画"操作区的"入场"选项卡中，❶ 选择"镜像翻转"入场动画；❷ 设置"动画时长"为0.5秒，如图7-45所示。

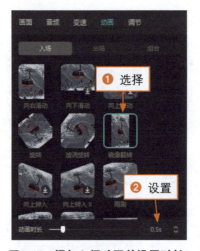

图7-45 添加入场动画并设置时长2

7.1.7 添加视频滤镜效果

添加视频滤镜不仅可以掩饰视频画面的瑕疵，还可以令短视频产生绚丽的视觉效果。下面介绍添加视频滤镜效果的操作方法。

步骤 01 首先调整"树影"特效的时长，与视频3对齐，然后向下拖曳至相应轨道，❶ 在视频轨道中选中视频1的前半部分；❷ 拖曳时间指示器至00：00：14：16的位置，如图7-46所示。

步骤 02 切换至"滤镜"功能区,在"质感"选项卡中单击"清晰"滤镜中的添加按钮➕,如图7-47所示。

步骤 03 执行上述操作后,即可在视频轨道中的时间指示器后添加一个"清晰"滤镜,并调整其时长与视频1的时长一致,如图7-48所示。

图7-46 选中视频1的前半部分

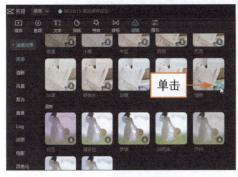

图7-47 单击添加按钮1

图7-48 添加"清晰"滤镜

步骤 04 在"滤镜"操作区中设置"滤镜强度"为20,如图7-49所示。

步骤 05 ❶ 在视频轨道中选中视频2的前半部分;❷ 拖曳时间指示器至00:00:18:22的位置,如图7-50所示。

图7-49 设置"滤镜强度"参数1

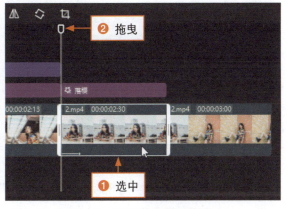

图7-50 选中视频2的前半部分

步骤 06 切换至"滤镜"功能区,在"风景"选项卡中单击"雾山"滤镜中的添加按钮,如图7-51所示。

图7-51 单击添加按钮2

步骤 07 执行上述操作后,即可在轨道中添加一个"雾山"滤镜,并调整其时长与视频2时长一致,如图7-52所示。

步骤 08 在"滤镜"操作区中设置"滤镜强度"为20,如图7-53所示。

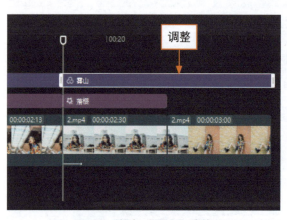

图7-52 添加"雾山"滤镜　　　图7-53 设置"滤镜强度"参数2

7.1.8 制作视频背景效果

如果将横版视频转换为竖版后,对于黑色背景不太满意,可以使用剪映中的"背景"功能,修改背景的颜色或者更换其背景效果,下面介绍具体的操作步骤。

步骤 01 在视频的预览窗口中,单击"原始"按钮,设置画布比例为9:16,如图7-54所示。

步骤 02 在视频轨道中选中视频4,❶ 在"画面"操作区中单击"背景"选项卡;❷ 设置"背景填充"为"模糊";❸ 选择第4个模糊背景,如图7-55所示。

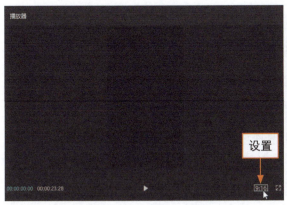

图7-54 单击"原始"按钮　　　图7-55 选择模糊背景

专家指点

选择背景填充效果时,除了模糊外,还可以选择颜色和样式进行背景填充。

步骤 03 重复上述步骤,为视频轨道中的视频添加背景,效果如图7-56所示。

图7-56 预览视频效果

7.2 增加元素：添加文字和背景音乐

字幕和音乐是产品视频中非常重要的元素，选择好的背景音乐和文字效果，可以让作品锦上添花，同时文字还有助于消费者记住产品的卖点信息，吸引他们收藏和下单。本节主要介绍在短视频中添加字幕和音乐的操作方法。

7.2.1 在视频中添加文字

在剪映中，可以设置文字的字体、颜色、描边、边框、阴影和排列方式等属性，制作出不同样式的文字，从而打造出精彩纷呈的字幕效果。下面介绍在视频中添加文字的具体操作方法。

步骤 01　拖曳时间指示器至视频的起始位置，切换至"文本"功能区，在"花字"选项卡中选择合适的花字模板，并单击相应花字模板中的添加按钮➕，如图7-57所示。

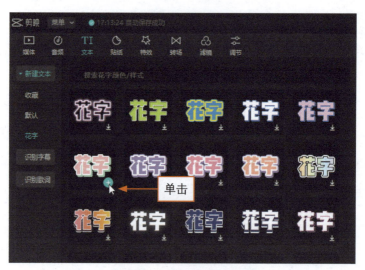

图7-57　单击添加按钮

步骤 02　执行该操作后，即可在时间指示器后添加一个默认文本，在视频轨道中选中该文本，在"编辑"操作区的文本框中输入相应文字，并设置参数，如图7-58所示。

步骤 03 在视频预览窗口中，调整文字的大小和位置，如图7-59所示。

图7-58 输入文字并设置参数　　图7-59 调整文字的大小和位置

步骤 04 调整第一个文本轨道的时长，然后单击鼠标右键，在弹出的快捷菜单中选择"复制"选项，复制文本轨道，拖曳时间指示器到相应的视频轨道前，然后粘贴文本轨道，重复多次操作，为视频添加文本，如图7-60所示。

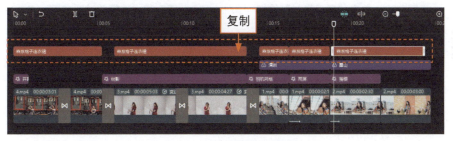

图7-60 添加多个文本轨道

步骤 05 反复执行步骤4，选择相应的文本轨道，修改文字并调整文本与相应视频片段的时长一致，如图7-61所示。

图7-61 修改文字并调整文本的时长

7.2.2 给视频添加背景音乐

剪映电脑版具有非常丰富的背景音乐曲库,而且进行了十分细致的分类,可以根据自己的视频内容或主题来快速选择合适的背景音乐。下面介绍为视频添加背景音乐的具体操作方法。

步骤 01　切换至"音频"功能区,单击"音乐素材"按钮,如图7-62所示。

步骤 02　❶ 在"音乐素材"选项卡中选择相应的音乐类型,如"纯音乐";❷ 在音乐列表中选择合适的背景音乐,即可进行试听,如图7-63所示。

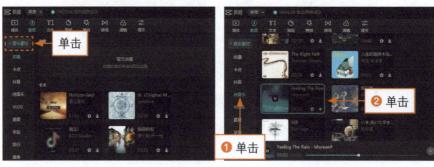

图7-62　单击"音乐素材"按钮　　　图7-63　选择并试听音乐

步骤 03　单击音乐卡片中的添加按钮,如图7-64所示。

步骤 04　执行操作后,即可将音乐添加到音频轨道中,❶ 在音频轨道中选中添加的音频;❷ 拖曳时间指示器至视频结尾位置,如图7-65所示。

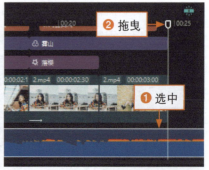

图7-64　单击添加按钮　　　图7-65　选中添加的音频

步骤 05 单击"分割"按钮▯,选中音频的后半部分,单击"删除"按钮▯,即可删除选中的音频,效果如图7-66所示。

步骤 06 单击播放按钮▶,即可在视频预览窗口中播放视频,如图7-67所示。

图7-66 删除选中的音频

图7-67 预览视频效果

7.2.3 给视频添加场景音效

剪映中提供了很多有趣的音频特效,用户可以根据短视频的情境来增加音效,如综艺、笑声、机械、人声、转场、游戏、魔法、打斗、美食、动物、环境音、手机、悬疑以及乐器等类型。下面介绍给视频添加场景音效的具体操作方法。

步骤 01 ❶ 在视频轨道中选中视频3的后半段;❷ 拖曳时间指示器至00:00:09:19的位置,如图7-68所示。

步骤 02 切换至"音频"功能区,单击"音效素材"选项卡,如图7-69所示。

图7-68 选中视频3的后半段

步骤 03 ❶ 选择相应的音效类型,如"环境音";❷ 在音效列表中选择"背景的风声"音效,即可进行试听,如图7-70所示。

图7-69 单击"音效素材"选项卡

图7-70 选择并试听音效

步骤 04 单击"背景的风声"音效卡片中的添加按钮 ,如图7-71所示。

步骤 05 执行操作后,即可将其添加至时间指示器后的音效轨道中,在音效轨道中选中添加的音效,

图7-71 单击添加按钮

❶ 拖曳时间指示器至00:00:13:24的位置,单击"分割"按钮 ,分割素材;❷ 选中音效的后半部分,如图7-72所示。

步骤 06 执行上述操作后,单击"删除"按钮 ,即可删除选中的音效,效果如图7-73所示。

图7-72 选中音效的后半部分

图7-73 删除选中的音效

步骤 07 在音效轨道中选中音效,在"音频"操作区中设置"音量"

为-0.2dB，如图7-74所示。

步骤 08　执行操作后，在视频预览窗口中播放视频，试听音效，如图7-75所示。

图7-74　设置"音量"为-0.2dB

图7-75　预览视频效果

7.2.4 导出成品视频画面

当完成对视频的剪辑操作后，可以通过剪映的"导出"功能，快速导出视频作品，将其上传到店铺主页中。下面介绍将视频导出为4K画质的操作步骤。

步骤 01　在完成视频剪辑等操作后，单击"导出"按钮，弹出"导出"对话框，设置"作品名称"为7.2，如图7-76所示。

步骤 02　单击"导出至"右侧的按钮，弹出"请选择导出路径"对话框，❶选择相应的保存路径；❷单击"选择文件夹"按钮，如图7-77所示。

图7-76　输入视频的名称

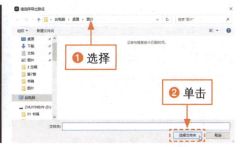

图7-77　选择相应的保存路径

步骤 03　在"分辨率"列表框中选择4K选项,如图7-78所示。

步骤 04　在"码率"列表框中选择"更高"选项,如图7-79所示。

图7-78　选择4K选项

图7-79　选择"更高"选项

步骤 05　在"帧率"列表框中选择60fps选项,如图7-80所示。(此处的"帧率"参数要与视频拍摄时选择的参数相同,否则即使选择最高的参数也会影响画质。)

步骤 06　在"格式"列表框中选择mp4选项,如图7-81所示。

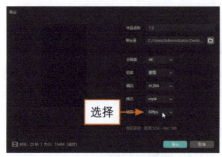

图7-80　选择60fps选项

图7-81　选择mp4选项

步骤 07　单击"导出"按钮,显示导出进度,如图7-82所示。

步骤 08　导出完成后,单击"打开文件夹"按钮,如图7-83所示。

图7-82　显示导出进度

图7-83　单击"打开文件夹"按钮

步骤 09 打开导出视频所在的文件夹,选择导出的视频进行播放,最终成品效果如图7-84所示。

图7-84 最终视频效果

第8章

淘宝设计：
网店首页元素制作

在淘宝网店中，首页的制作是店铺运营中的重要一环，网店首页设计的好坏，直接影响消费者对于店铺的最初印象。只有首页各个元素设计得合理、到位且美观，消费者才会有兴趣继续了解产品，才会产生购买欲望并下单。本章主要介绍淘宝网店首页元素设计的具体方法。

扫码看教程

扫码看效果

8.1 店铺视觉：获得消费者的认可和赞同

对于视觉营销而言，对淘宝店铺进行视觉设计是必不可少的一环，因此，想要获得消费者的认可和赞同，就应该从店铺的视觉效果开始做起。

8.1.1 做好店铺的视觉定位是第一步

视觉定位对于淘宝店铺而言，是吸引消费者必须考虑的问题。例如，在传统的零售业中，消费者会根据店铺的设计风格而决定要不要进去购物。因此，店铺的视觉定位是非常重要的，有些店铺为了突显品牌和质量，在视觉设计上偏重于品牌视觉；也有一些店铺则是为了促进产品的

图8-1 侧重于营销的店铺视觉设计

销售，以薄利多销的策略来进行视觉设计。图8-1所示为侧重于营销的"三只松鼠"店铺视觉设计示例。

消费者在进店购物之前，都会对店铺的视觉设计有一个大致的印象。因此，无论是线上还是线下的店铺视觉设计，都应该先规划好店铺的运营模式和大致方向，然后再对店铺的视觉进行定位，从而传递出较好的视觉效果。对于网店的店铺设计来说，店铺首页视觉效果的好坏在一定程度上决定了消费者的去留。

> **专家指点**
>
> 相关调查显示，消费者浏览首页的时间大概为15秒，甚至可能更短。如果商家想要在这短短十几秒的时间内吸引消费者的注意力，就要利用视觉设计传达出有效的信息，让消费者不至于感到乏味而关闭网页。

如果商家在店铺首页的视觉设计中有效传递了以上信息，那么吸引消费者往下观看产品和店铺的其他信息的概率也会提高。当然，针对不同类型的店铺，也需要进行不同的视觉设计，以达到精准营销的目的。下面主要介绍品牌型店铺视觉定位和营销型店铺视觉定位的方法。

首先来看品牌型店铺的视觉定位，既然是依靠品牌形象来进行产品销售，那么在视觉效果上就应该凸显品牌的优势。品牌型店铺视觉定位的具体方法如图8-2所示。

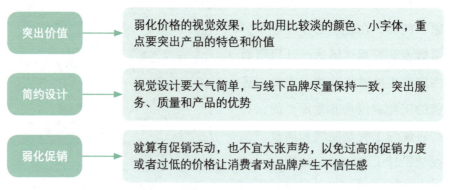

图8-2　品牌型视觉定位的具体方法

图8-3所示为蓝月亮品牌的官方旗舰店首页。从图中可以看出，其首页主要通过明星代言和展示主推产品来进行视觉打造，给消费者一种值得信赖的感觉。

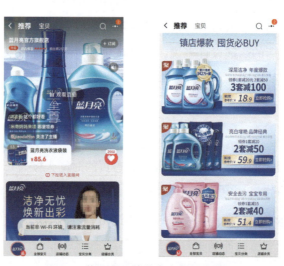

图8-3　蓝月亮品牌的官方旗舰店首页

再来看营销型店铺的视觉定位，一切为了产品的销售，因此在店铺的首页视觉设计上大做促销、优惠的文章，具体方法如图8-4所示。

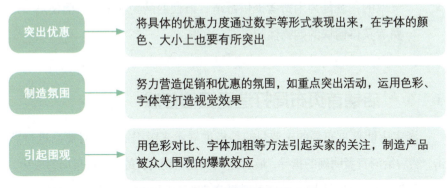

图8-4　营销型视觉定位的具体方法

当然，有的店铺并没有对自身进行准确的营销型与品牌型的界定，这时就需要店铺根据自身的情况来对视觉效果进行定位。例如，将产品优势放在显眼位置，然后再展示促销信息；也可以把促销活动放在首页，活动的具体内容则可以通过自定义页面体现出来。

8.1.2 优化店铺结构进行合理布局

店铺的结构设计就好比建一栋房子，在打好基础的同时还要对其进行合理的布局，有些店铺的结构层次分明，商品的排列也井然有序，消费者一眼就能找到自己需要的商品；而有的店铺的结构则杂乱无章，既没有层次，又重复地展示商品信息。

如果你面前摆着这两种店铺，你会选择哪一家进行购物呢？答案显而易见，一目了然的信息排列方式，可以让消费者更轻松地进行浏览和购物，也可以提升消费者的购买体验。由此可见，店铺结构的合理设计有多么重要，其基本要素如图8-5所示。

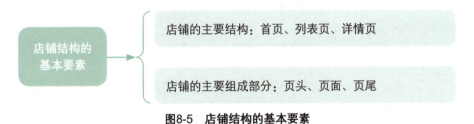

图8-5　店铺结构的基本要素

> **专家指点**
>
> 店铺页面结构的组建,就好比购物场所的构造,目的都是一致的,就是为消费者提供舒适、方便的购物环境,从而使消费者获得愉快的购物体验。

8.1.3 店铺首页布局打造更强信任感

淘宝店铺首页布局的主要目的是借助展示来吸引消费者对商品进行点击,然后给消费者明确的指导,最后达到视觉营销的目的。首页布局的成功,在给予消费者方便的同时,也能使消费者在短时间内树立起对店铺的信任。

此外,首页布局的作用还体现在客服、公告提醒等方面,其作用与首页布局是一致的,就是为了让消费者的购物旅程更加顺畅、便捷。图8-6所示为店铺首页布局的主要作用。

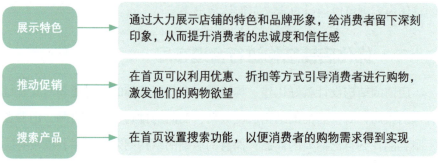

图8-6 首页布局的主要作用

同时,在进行首页布局的设计时,需要关注的指标有很多,因为这些指标与产品的销售以及店铺的转化率密切相关。图8-7所示为首页需要关注的指标。

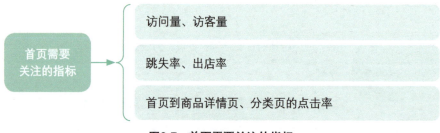

图8-7 首页需要关注的指标

在关注这些指标的过程中，你可以了解到很多重要的信息，从而对首页进行合理的布局。比如首页到商品详情页的点击率，可以看出消费者对哪种产品更为青睐，如果与首页展示的产品不一致，就可以换掉；首页到分类页的点击率，也可以看出消费者喜欢浏览的商品类型，可以在首页重点展示。

店铺首页根据功能可以分为好几个部分，这里主要介绍店招。店招是首页的重中之重，它的主要作用是传递信息，通常位于首页的最上方，其传递的内容主要包括产品、特色、卖点、品牌和价位等信息。图8-8所示为阿道夫（Adolph）淘宝店铺首页的店招，从图中可以看出，其不仅介绍了多种产品，还注明了各产品的类型。

图8-8　阿道夫旗舰店首页

店招在传递信息的时候，不可以随意设计，必须要注意以下几个事项，如图8-9所示。

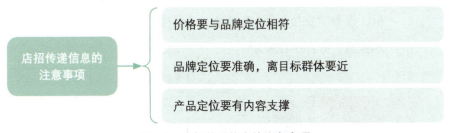

图8-9　店招传递信息的注意事项

8.2　装修设计：制作高转化率店铺页面

淘宝店铺装修设计的好坏很大程度上决定了顾客的购物体验好坏，好的装修设计不但可以提高店铺的转化率，还可以树立店铺的形象，提升店铺的隐性价值。本节主要介绍制作店铺导航栏、店招以及首页的具体操作方法。

8.2.1 设计店铺导航条

导航条可以方便顾客跳转页面，查看店铺的各类商品及信息。因此，有条理的导航条能够保证更多页面被访问，使店铺中更多的商品信息、活动信息被消费者发现。消费者从商品详情页进入其他页面，而如果缺乏导航条的指引，将极大影响店铺转化率。下面以幼教店铺为例，介绍设计导航条的具体步骤。

步骤 01 按【Ctrl+O】组合键，打开"图像1.jpg"素材图像，如图8-10所示。

图8-10 打开素材"图像1.jpg"

步骤 02 在工具箱中选取圆角矩形工具，在工具属性栏中设置"填充"为玫红色（RGB参数值分别为230、67、123），如图8-11所示。

步骤 03 在图像编辑窗口中单击鼠标左键，弹出"创建圆角矩形"对话框，设置"宽度"为125像素、"高度"为42像素、"半径"为20像素，如图8-12所示。

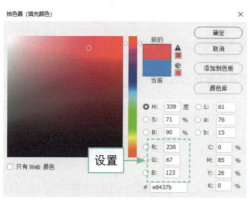

图8-11 设置"填充"颜色

图8-12 设置各选项

步骤 04 执行上述操作后，即可创建形状，然后调整其位置，如图8-13所示。

步骤 05　在工具箱中选取移动工具,在图像编辑窗口中单击圆角矩形,按【Ctrl+J】组合键,复制圆角矩形,然后平移调整其位置,如图8-14所示。

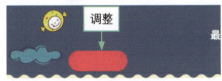

图8-13　调整位置

图8-14　复制形状并调整位置

步骤 06　在工具箱中选取圆角矩形工具,在工具属性栏中设置"填充"为黄色(RGB参数值分别为255、241、33),如图8-15所示。

步骤 07　单击"确定"按钮,即可修改形状的颜色,如图8-16所示。

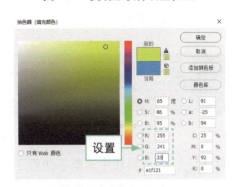

图8-15　设置"填充"颜色

步骤 08　用与上面相同的方法,继续复制5个形状,并适当调整各个形状的位置,如图8-17所示。

图8-16　修改形状的颜色

步骤 09　在工具箱中选取圆角矩形工具,在工具属性栏中依次设置"填充"为浅蓝色(RGB参数值分别为217、224、226)、蓝色(RGB参数值分别为0、155、223)、黄绿色(RGB参数值分别为206、223、0)、绿色(RGB参数值分别为44、154、66)、浅紫色(RGB参数值分别为184、128、188),效果如图8-18所示。

图8-17　复制形状并调整位置

图8-18　修改形状的颜色

步骤10 单击"窗口"|"字符"命令,弹出"字符"面板,在其中设置文字的大小、颜色和字体,如图8-19所示。

步骤11 在图像编辑窗口中的适当位置,输入相应文字,并按【Ctrl+Enter】组合键确认输入,如图8-20所示。

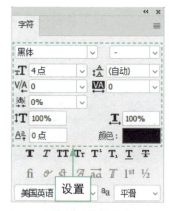

图8-19 设置参数

图8-20 输入文字

步骤12 在工具箱中选取多边形工具,在工具属性栏中设置"填充"为黑色(RGB参数值分别为0、0、0),如图8-21所示。

步骤13 单击"确定"按钮,在工具属性栏中设置"边"为3,如图8-22所示。

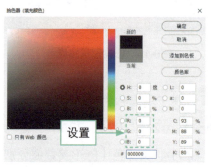

图8-21 设置"填充"为黑色

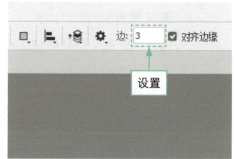

图8-22 设置"边"为3

专家指点

填充工具配合不同的选区工具进行使用,在使用中能得到不一样的效果,是用途较广的基础应用工具。

| 步骤 14 | 在图像编辑窗口中"所有分类"文字的右侧位置,单击鼠标左键,创建一个下三角形状,并调整形状的大小和位置,最终效果如图8-23所示。 |

图8-23 最终效果

8.2.2 设计网店的店招

店招设计是网店装修的一部分,它在网店视觉营销中占据了相当重要的位置,它就像一块"明镜高悬"的牌匾,一直在我们视线的上方"晃荡"着。店招要将最核心的信息展示出来,让消费者一看就懂。下面介绍设计女包店铺店招的具体步骤。

| 步骤 01 | 按【Ctrl+N】组合键,弹出"新建文档"对话框,❶ 设置"名称"为8.2.2、"宽度"为950像素、"高度"为150像素、"分辨率"为 |

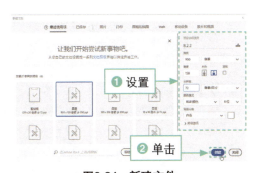

图8-24 新建文件

72像素/英寸、"颜色模式"为"RGB颜色""背景内容"为"白色";❷ 单击"创建"按钮,新建一个空白图像,如图8-24所示。

| 步骤 02 | 置入"图像2.jpg"素材图像,在图像编辑窗口中调整该图像的大小和位置,并按【Enter】键确认,如图8-25所示。 |

图8-25 置入"图像2.jpg"素材图像

步骤 03　按【Ctrl+O】组合键,打开"图像3.jpg"素材图像,如图8-26所示。

图8-26　打开"图像3.jpg"素材图像

> **专家指点**
>
> 营造出品牌的氛围和感觉,体现品牌气质,可以通过品牌专属颜色、LOGO颜色、字体等的规范应用,先从视觉上统一。

步骤 04　按【Ctrl+J】组合键得到"图层1"图层,单击"背景"图层的"指示图层可见性"图标 ◉ ,如图8-27所示。

步骤 05　在工具箱中选取魔棒工具,在工具属性栏中设置"容差"为10,如图8-28所示。

图8-27　单击"指示图层可见性"图标

图8-28　设置"容差"为10

步骤 06　在图像编辑窗口中的白色背景上,单击鼠标左键,即可创建选区,如图8-29所示。

步骤 07　按【Delete】键,即可删除选区内的图像,按

图8-29　创建选区

【Ctrl+D】组合键取消选区，如图8-30所示。

步骤 08　在工具箱中选取移动工具，在图像编辑窗口中将"图层1"图像拖曳至"8.2.2"图像编辑窗口中，如图8-31所示。

图8-30　取消选区　　　　　图8-31　移动"图层1"图像

步骤 09　按【Ctrl+T】组合键，调整"图层1"图像的大小和位置，按【Enter】键确认操作，如图8-32所示。

图8-32　调整图像大小和位置

步骤 10　重复上述步骤03至步骤09的操作，将素材图像"图像4.jpg""图像5.jpg"及"图像6.jpg"依次拖曳至"8.2.2"图像编辑窗口中，并调整其大小和位置，如图8-33所示。

图8-33　移动素材图像

步骤 11　在工具箱中选取横排文字工具，展开"字符"面板，在其中设置"字体"为Times New Roman、"字体大小"为36点、"所选字符的字距调整"为200、"颜色"为黑色，如图8-34所示。

步骤 12　在图像编辑窗口中的合适位置，输入相应文字，如图8-35所示，按【Ctrl+Enter】组合键确认输入。

图8-34　设置各选项

步骤 13 展开"字符"面板,在其中设置"字体"为Arial、"字体大小"为14点、"颜色"为黑色,如图8-36所示。

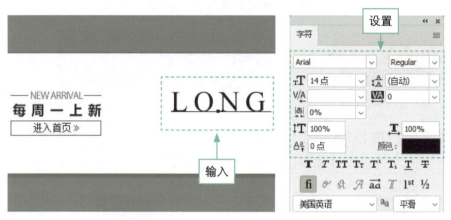

图8-35 输入文字　　　　　　图8-36 设置各选项

步骤 14 在图像编辑窗口中的合适位置,输入相应文字,按【Ctrl+Enter】组合键确认输入,如图8-37所示。

图8-37 输入文字

步骤 15 执行上述操作后,即可得到最终效果,如图8-38所示。

图8-38 最终效果

8.2.3 设计店铺的首页

本案例为饰品网店设计的首页,在其中使用了较为鲜艳的色彩来进行表现，同时将画面进行合理的分配。这些设计让消费者体会到商家的活动内容和活动所营造的喜庆气氛，从而提高店铺装修的转化率。下面介绍设计饰品网店首页的具体步骤。

步骤 01 按【Ctrl+N】组合键，弹出"新建文档"对话框，❶ 设置"名称"为8.2.3、"宽度"为1900像素、"高度"为600像素、"分辨率"为300像素/英寸、"颜色模式"为"RGB颜色""背景内容"为"白色"；❷ 单击"创建"按钮，新建一个空白图像，如图8-39所示。

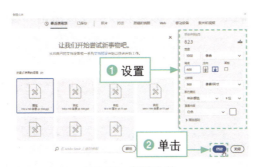

图8-39 新建文件

步骤 02 按【Ctrl+O】组合键，打开"图像7.jpg"素材图像，选取移动工具，在图像编辑窗口中将素材拖曳至"8.2.3"图像编辑窗口中的合适位置；按【Ctrl+T】组合键，调整图像大小和位置，按【Enter】键确认操作，如图8-40所示。

步骤 03 单击"图像"|"调整"|"亮度/对比度"命令，如图8-41所示。

图8-40 拖曳并调整图像   图8-41 单击"亮度/对比度"命令

步骤 04 执行操作后，弹出"亮度/对比度"对话框，在其中设置"亮度"为25、"对比度"为10，如图8-42所示。

步骤 05 单击"确定"按钮，即可调整图像亮度和对比度，效果如图8-43所示。

图8-42 设置参数1

图8-43 调整图像亮度/对比度

步骤 06 单击"图像"|"调整"|"自然饱和度"命令,弹出"自然饱和度"对话框,在其中设置"自然饱和度"为40、"饱和度"为30,如图8-44所示。

步骤 07 单击"确定"按钮,即可调整图像自然饱和度,效果如图8-45所示。

图8-44 设置参数2

图8-45 调整图像自然饱和度

步骤 08 选取横排文字工具,单击"窗口"|"字符"命令,如图8-46所示。

步骤 09 执行操作后,弹出"字符"面板,在其中设置文字的大小、颜色和字体,如图8-47所示。

图8-46 单击"字符"命令

图8-47 设置参数3

步骤 10　执行上述操作后，在图像编辑窗口中输入文字"新品上市"，如图8-48所示。

步骤 11　按【Ctrl+Enter】组合键确认输入，在工具箱中选取移动工具，适当调整文字的位置，如图8-49所示。

图8-48　输入文字1

图8-49　调整文字的位置

专家指点

好的文案之所以打动消费者，是因为这些文案可以在消费者的情感上产生共鸣，从而使得消费者认同它、接受它，甚至主动传播它。

一个好的文案除了需要与消费者产生情感上的共鸣之外，还需要语句简短、无生僻字、易发音、无不良歧义、具有流行语潜质、讲究文采。很多电商企业都会用"一个价值点＋一个触动力"的方式，进行"一句话"营销，将这些脍炙人口的广告语文案，深深印入消费者的脑海中，让他们经久不忘、回味良久。

步骤 12　在工具箱中选取横排文字工具，展开"字符"面板，在其中设置文字的大小、颜色和字体，如图8-50所示。

步骤 13　在图像编辑窗口中的适当位置，输入文字"2.1上午10：00新品上新"，然后按【Ctrl+Enter】组合键确认输入，如图8-51所示。

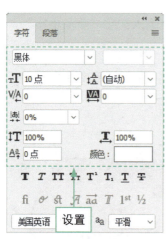

图8-50　设置参数4　　　　　图8-51　输入文字2

> **步骤 14** 在"字符"面板中设置文字的大小、颜色和字体,如图8-52所示。
>
> **步骤 15** 在图像编辑窗口中的适当位置,输入文字"NEW",然后按【Ctrl + Enter】组合键确认输入,如图8-53所示。

图8-52　设置参数5　　　　　图8-53　输入文字3

> **步骤 16** 在"图层"面板下方,单击"创建新图层"按钮 ,新建"图层2"图层,如图8-54所示。
>
> **步骤 17** 在工具箱中选取矩形选框工具,创建一个矩形选区,如图8-55所示。

图8-54 新建图层

图8-55 创建矩形选区

步骤 18 设置前景色为紫色（RGB参数值为180、84、217），如图8-56所示。

步骤 19 按【Alt+Delete】组合键填充前景色，按【Ctrl+D】组合键取消选区，最终效果如图8-57所示。

图8-56 设置前景色为紫色

图8-57 最终效果

8.3 美妆网店：店铺装修实战步骤详解

本节介绍美妆店铺装修的实战操作过程，主要分为制作店招和店铺导航、首页欢迎模块、促销方案、商品展示区、商品热销区等几个部分，下面介绍设计美妆网店首页的具体步骤。图8-58所示为美妆网店首页的最终效果。

图8-58　最终效果

8.3.1 ● 设计美妆店铺店招和导航条

因为店招和导航条处于首页的顶端，所以店招和导航的设计在网店视觉营销中占据非常重要的位置。下面介绍设计美妆店铺店招和导航条的具体步骤。

步骤 01 按【Ctrl+N】组合键，弹出"新建文档"对话框，❶设置"名称"为8.3、"宽度"为1440像素、"高度"为3200像素、"分辨率"为300像素/英寸、"颜色模式"为"RGB颜色""背景内容"为"白色"；❷单击"创建"按钮，新建一个空白图像，如图8-59所示。

图8-59　新建文件

步骤 02 设置前景色为绿色（RGB参数值分别为192、207、148），如图8-60所示，单击"确定"按钮，按【Alt+Delete】组合键，为"背景"图层填充前景色。

步骤 03 按【Ctrl+Shift+N】组合键新建一个图层，在工具箱中选取矩形选框工具，创建一个矩形选区，按【Alt+Delete】组合键为矩形选区填充白色（RGB参数值均为255），再按【Ctrl+D】组合键取消选区，如图8-61所示。

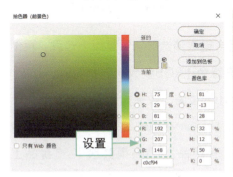

图8-60 设置前景色　　　　图8-61 创建矩形

步骤 04 按【Ctrl+Shift+N】组合键新建一个图层，在工具箱中选取椭圆选框工具，创建一个椭圆选区，按【Alt+Delete】组合键为椭圆选区填充黄色（RGB参数值分别为236、239、212），再按【Ctrl+D】组合键取消选区，如图8-62所示。

步骤 05 在工具箱中选取横排文字工具，❶ 在图像编辑窗口中的合适位置输入文字"LaiEn"和"莱恩妆品"；❷ 在"字符"面板中设置文字的大小、颜色和字体，如图8-63所示。

图8-62 创建椭圆　　　　图8-63 输入相应文字并设置参数1

步骤 06　按【Ctrl+Shift+N】组合键新建一个图层,在工具箱中选取椭圆选框工具,按【Shift】键创建一个圆形选区;按【Alt+Delete】组合键为圆形选区填充白色(ＲＧＢ参数值均为

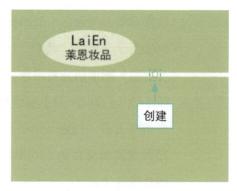

图8-64　创建两个圆

255),再按【Ctrl+D】组合键取消选区。重复以上步骤,再创建一个圆,为第二个圆填充绿色(RGB参数值分别为97、162、96),然后调整两个圆的大小和位置,效果如图8-64所示。

步骤 07　在工具箱中选取横排文字工具,❶ 在图像编辑窗口中的合适位置输入文字"首页""所有产品""热销套装""新品上市""会员专享""官方直售";❷ 在"字符"面板中设置文字的大小、颜色和字体,如图8-65所示。

步骤 08　❶ 在图像编辑窗口中的合适位置输入文字"莱恩妆品"和"感谢回馈";❷ 在"字符"面板中设置文字的大小、颜色和字体,并按【Ctrl+Enter】组合键确认输入,如图8-66所示。

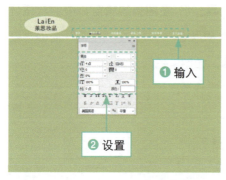

图8-65　输入相应文字并设置参数2

图8-66　输入相应文字并设置参数3

步骤 09　按【Ctrl+Shift+N】组合键新建一个图层,在工具箱中选取矩形选框工具,创建一个矩形选区;按【Alt+Delete】组合键为

矩形选区填充白色（RGB参数值均为255），再按【Ctrl+D】组合键取消选区；在图像编辑窗口中调整矩形的大小和位置，如图8-67所示。

步骤 10　在工具箱中选取横排文字工具，在图像编辑窗口中的合适位置输入文字"收藏我们"，展开"字符"面板，在其中设置文字的大小、颜色和字体，并按【Ctrl+Enter】组合键确认输入。

步骤 11　新建图层，选取圆角矩形工具，创建一个圆角矩形并为圆角矩形填充白色（RGB参数值均为255）。新建图层，选取多边形工具，在工具属性栏中设置"边"为3、"填充"为绿色（RGB参数值为97、162、96）；单击鼠标左键，创建一个三角形，移动文字、圆角矩形和三角形至合适位置，如图8-68所示。

图8-67　创建矩形

图8-68　制作文字和形状效果

8.3.2 设计美妆店铺首页欢迎模块

首页欢迎模块是店铺首页中最主要的产品展示区，通常其视觉效果的制作奠定了整个首页的基调。下面介绍设计美妆店铺欢迎模块的具体步骤。

步骤 01　置入"图像8.jpg"素材图像，在图像编辑窗口中调整图像素材的大小和位置，并按【Enter】键确认，如图8-69所示。

步骤 02　在工具箱中选取横排文字工具，❶ 在图像编辑窗口中的合适位置输入文字"自然美"；❷ 在"字符"面板中设置文字的大小、颜色和字体，并按【Ctrl+Enter】组合键确认输入，如图8-70所示。

图8-69 置入素材　　　　图8-70 输入相应文字并设置参数1

步骤 03　❶ 在图像编辑窗口中的合适位置输入文字"洗净铅华,还原自然美";❷ 在"字符"面板中设置文字的大小、颜色和字体,并按【Ctrl+Enter】组合键确认输入,如图8-71所示。

步骤 04　在图像编辑窗口中的合适位置输入文字"了解更多",在"字符"面板中设置文字的大小、颜色和字体,并按【Ctrl+Enter】组合键确认输入。新建图层,在工具箱中选取圆角矩形工具,创建一个圆角矩形,在工具属性栏中设置"填充"为无颜色、"描边"为白色。在工具箱中选取多边形工具,创建一个三角形,在工具属性栏中设置"边"为3、"填充"为白色(RGB参数值均为255),最后拖曳文字、圆角矩形和三角形至合适位置,如图8-72所示。

图8-71 输入相应文字并设置参数2　　　　图8-72 制作文字和形状效果

8.3.3　设计美妆店铺促销方案

促销方案的展示区是店铺根据目前的营销策略所设计的区域,是最灵活、最实时变化的区域。下面介绍设计美妆店铺促销方案的具体步骤。

步骤 01 新建图层，在工具箱中选取矩形选框工具，❶ 在欢迎模块下方创建一个矩形选区；❷ 为选区填充绿色（RGB参数值为38、127、44），并按【Ctrl+D】组合键取消选区，如图8-73所示。

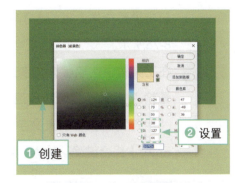

图8-73　创建矩形

步骤 02 ❶ 用同样的方法创建一个白色的矩形，调整其大小和位置，在工具箱中选取横排文字工具；❷ 在图像编辑窗口中的合适位置输入文字"超值搭配神秘好礼"；❸ 在"字符"面板中设置文字的大小、颜色和字体，并按【Ctrl+Enter】组合键确认输入，如图8-74所示。

图8-74　创建矩形并输入文字1

步骤 03 新建图层，在工具箱中选取矩形选框工具，创建一个矩形选区，为选区填充绿色（RGB参数值分别为38、127、44），并按【Ctrl+D】组合键取消选区，用同样的方法创建一个白色的矩形，并调整其大小和位置，如图8-75所示。

图8-75　创建两个矩形

步骤 04 置入"图像9.jpg"和"图像10.jpg"素材图像，在图像编辑窗口中调整图像素材的大小和位置，并按【Enter】键确认，如图8-76所示。

步骤 05　在工具箱中选取横排文字工具，❶ 在图像编辑窗口中的合适位置输入文字"橄榄卸妆油"和"氨基酸泡沫洗面奶"；❷ 在"字符"面板中设置文字的大小、颜色和字体，并按【Ctrl＋Enter】组合键确认输入，如图8-77所示。

图8-76　置入素材图像

图8-77　输入相应文字并设置参数1

步骤 06　❶ 在图像编辑窗口中的合适位置输入文字"深层清洁""温和不刺激""水润保湿""水润不紧绷""清爽净透""微米级泡沫"；❷ 在"字符"面板中设置文字的大小、颜色和字体，并按【Ctrl＋Enter】组合键确认输入，如图8-78所示。

图8-78　输入相应文字并设置参数2

步骤 07　新建图层，在工具箱中选取矩形选框工具，创建一个矩形选区，为选区填充绿色（RGB参数值为197、226、8），并按

【Ctrl+D】组合键取消选区。在工具箱中选取横排文字工具，在图像编辑窗口中的合适位置输入文字"满198送"；展开"字符"面板，在其中设置文字的大小、颜色和字体，并按【Ctrl+Enter】组合键确认输入，如图8-79所示。

步骤 08　调整促销方案展示区中矩形、文字和素材之间的相对位置，效果如图8-80所示。

图8-79　创建矩形并输入文字2　　　　图8-80　商品促销方案效果

8.3.4 设计美妆店铺商品展示区

店铺中的商品展示区是该店中商品的集中展示区，因此商品展示区必须展示与店铺风格定位最契合的产品。下面介绍设计美妆店铺商品展示区的具体步骤。

步骤 01　在工具箱中选取横排文字工具，❶ 在图像编辑窗口中的合适位置输入文字"镇店之宝"；❷ 在"字符"面板中设置文字的大小、颜色和字体，并按【Ctrl+Enter】组合键确认输入，如图8-81所示。

图8-81　输入相应文字并设置参数1

步骤 02　新建图层，在工具箱中选取矩形选框工具，创建一个选区，为选区填充白色（RGB参数值均为255），并按【Ctrl+D】组合键取消选区，然后调整矩形的大小和位置，如图8-82所示。

步骤 03　在工具箱中选取横排文字，❶ 在图像编辑窗口中的合适位置输入文字"THE END"；❷ 在"字符"面板中设置文字的大小、颜色和字体，并按【Ctrl+Enter】组合键确认输入，如图8-83所示。

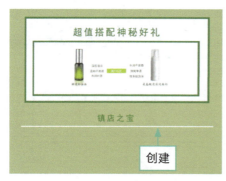

图8-82　创建矩形1　　　　图8-83　输入相应文字并设置参数2

步骤 04　新建图层，在工具箱中选取矩形选框工具，创建一个选区，为选区填充绿色（RGB参数值分别为38、127、44），并按【Ctrl+D】组合键取消选区，然后调整矩形的大小和位置，如图8-84所示。

步骤 05　置入"图像11.jpg"素材图像，在图像编辑窗口中调整图像素材的大小和位置，并按【Enter】键确认，如图8-85所示。

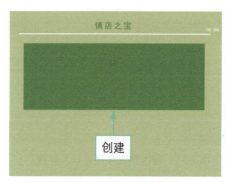
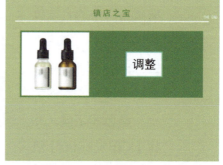

图8-84　创建矩形2　　　　图8-85　置入"图像11.jpg"素材图像

步骤 06　新建图层，在工具箱中选取矩形选框工具，在"图像11.jpg"素材图像右侧创建一个矩形选区,为选区填充灰色(RGB参数值为234、231、228),并按【Ctrl+D】组合键取消选区,最后调整矩形大小和位置,如图8-86所示。

步骤 07 选取横排文字工具,❶ 在图像编辑窗口中的合适位置输入文字"重磅推荐!富勒烯精华原液""镇店之宝,已热销25888件";❷ 在"字符"面板中设置文字的大小、颜色和字体,并按【Ctrl+Enter】组合键确认输入,如图8-87所示。

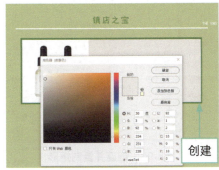

图8-86　创建矩形3

图8-87　输入相应文字并设置参数3

步骤 08 新建图层,在工具箱中选取直线工具,❶ 按住【Shift】键的同时在图像编辑窗口中创建一条直线;❷ 在工具属性栏中设置直线的各个要素,最后调整直线的大小和位置,如图8-88所示。

步骤 09 在工具箱中选取移动工具,按住【Alt】键的同时,在图像编辑窗口中拖曳直线至合适的位置,如图8-89所示。

图8-88　创建直线

图8-89　复制直线

步骤 10 在工具箱中选取横排文字工具,❶ 在图像编辑窗口中的合适位置输入相应文字；❷ 在"字符"面板中设置文字的大小、颜色和字体，并按【Ctrl+Enter】组合键确认输入，如图8-90所示。

步骤 11 新建图层，在工具箱中选取矩形选框工具，创建一个矩形选区，为选区填充绿色（RGB参数值分别为197、226、8），并按【Ctrl+D】组合键取消选区；在工具箱中选取移动工具，调整矩形至合适位置，如图8-91所示。

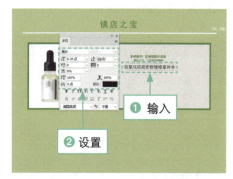

图8-90 输入相应文字并设置参数4

图8-91 创建并复制矩形

步骤 12 在工具箱中选取横排文字工具，在图像编辑窗口中的合适位置输入文字"活动价：¥：188""马上抢"；展开"字符"面板，在其中设置文字的大小、颜色和字体，并按【Ctrl+Enter】组合键确认输入。新建图层，在工具箱中选取矩形选框工具，创建一个选区，为选区填充白色（RGB参数值均为255），并按【Ctrl+D】组合键取消选区。新建图层，在工具箱中选取多边形工具，创建一个三角形，在工具属性栏中设置"边"为3、"填充"为白色（RGB参数值均为255），最后拖曳文字、矩形和三角形至合适位置，效果如图8-92所示。

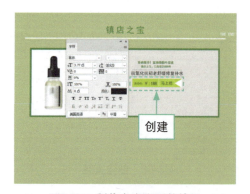

图8-92 制作文字和形状效果

步骤 13 新建图层,在工具箱中选取椭圆工具,在图像编辑窗口中的合适位置按住【Shift】键创建一个圆;在工具属性栏中设置"填充"为无颜色、"描边"为绿色(RGB参数值分别为134、165、93)、"描边选项"为虚线。重复以上步骤,在图像编辑窗口中调整两个圆的大小和位置,如图8-93所示。

步骤 14 新建图层,在工具箱中选取椭圆工具,在图像编辑窗口中的合适位置按住【Shift】键创建一个圆,在工具属性栏中设置"填充"为绿色(RGB参数值分别为60、106、41)、"描边"为无颜色;重复以上步骤,在图像编辑窗口中调整两个圆的大小和位置,效果如图8-94所示。

图8-93 创建两个大圆

图8-94 创建两个小圆

步骤 15 在工具箱中选取横排文字工具,❶ 在图像编辑窗口中的合适位置输入文字"送";❷ 在"字符"面板中设置文字的大小、颜色和字体,并按【Ctrl+Enter】组合键确认输入,在工具箱中选取移动工具,按住【Alt】键的同时,在图像编辑窗口中拖曳文字至合适位置,如图8-95所示。

步骤 16 ❶ 在图像编辑窗口中的合适位置输入文字"赠送:酵母花蜜水乳小样";❷ 在"字符"面板中设置文字的大小、颜色和字体,并按【Ctrl+Enter】组合键确认输入;❸ 置入"图像12.psd"素材图像,按住【Alt】键,在图像编辑窗口中拖曳图像至合适位置,最后调整其大小和位置,效果如图8-96所示。

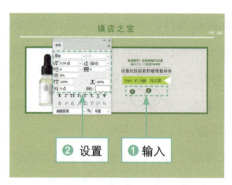
图8-95 输入相应文字并复制

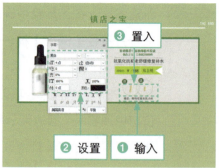
图8-96 输入相应文字并置入素材

8.3.5 设计美妆店铺商品热销区

商品热销区的功能不同于商品展示区,在商品热销区,消费者可以迅速地找到店铺中畅销的产品,因此需要对该区域进行重点设计。

步骤 01 参考上一小节相同的操作方法,可以制作出其他的商品展示效果。❶ 单击"图层"面板底部的"创建新组"按钮▢,将前面制作的"镇店之宝"相关图层拖曳到新建的组中并复制该组;

❷ 在图像编辑窗口中选中复制的图层并拖曳至合适位置,如图8-97所示。

步骤 02 在工具箱中选取横排文字工具,在图像编辑窗口中修改相应的文字内容,如图8-98所示。

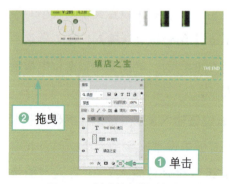
图8-97 创建并复制"组"

图8-98 修改相应文字内容

步骤 03 新建图层,在工具箱中选取矩形选框工具,在图像编辑窗口中的合适位置创建一个矩形选区,为选区填充绿色(RGB参数值为38、127、44），并按【Ctrl+D】组合键取消选区，如图8-99所示。

步骤 04　置入"图像13.jpg"素材图像，在图像编辑窗口中调整图像素材的大小和位置，并按【Enter】键确认，效果如图8-100所示。

图8-99　创建矩形1

图8-100　置入"图像13.jpg"素材图像

步骤 05　新建图层，在工具箱中选择矩形选框工具，在"图像13.jpg"素材图像右侧创建一个矩形选区，为选区填充灰色（RGB参数值为234、231、228），并按【Ctrl+D】组合键取消选区，最后调整矩形大小和位置，如图8-101所示。

步骤 06　新建图层，在工具箱中选取矩形选框工具，在图像编辑窗口中的合适位置创建一个矩形选区，为选区填充绿色（RGB参数值为197、226、8），并按【Ctrl+D】组合键取消选区，如图8-102所示。

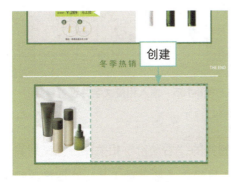

图8-101　创建矩形2

图8-102　创建矩形3

步骤 07　在工具箱中选取横排文字工具，❶在图像编辑窗口中的合适位置输入文字"补水更营养";❷在"字符"面板中设置文字的大小、颜色和字体,并按【Ctrl+Enter】组合键确认输入,如图8-103所示。

图8-103 输入相应文字并设置参数1

步骤 08 在工具箱中选取圆角矩形工具,在图像编辑窗口中的合适位置创建一个圆角矩形,在工具属性栏中设置"填充"为无颜色、"描边"为绿色(RGB参数值为197、226、8),如图8-104所示。

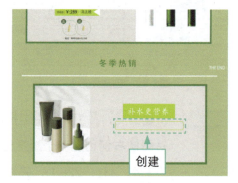

图8-104 创建圆角矩形

步骤 09 在工具箱中选取横排文字工具,❶ 在图像编辑窗口中的合适位置输入文字"补水 保湿 美白三重滋养礼盒套装";❷ 在"字符"面板中设置文字的大小、颜色和字体,并按【Ctrl + Enter】组合键确认输入,如图8-105所示。

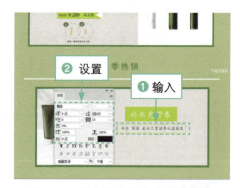

图8-105 输入相应文字并设置参数2

步骤 10 ❶创建"组2"组,将前面制作的"活动价"相关图层拖曳到其中,并复制"组2"组,在工具箱中选取移动工具,在图像编辑窗口中选中该组的所有图层;❷拖曳该组中的图像至合适位置,如图8-106所示。

步骤 11 在工具箱中选取横排文字工具,在图像编辑窗口中修改相应的文字内容,并按【Ctrl+Enter】组合键确认输入,效果如图8-107所示。

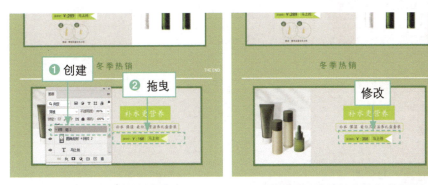

图8-106 创建并复制组　　图8-107 修改相应的文字内容

步骤 12 完成上述操作后,即预览美妆网店的装修设计效果,如图8-108所示。

图8-108 最终效果

第 9 章

京东设计：
网店海报广告制作

在京东网店中，广告的制作是店铺引流非常重要的一环，广告设计的好坏，直接影响店铺的转化率。只有广告设计好了，消费者才会有兴趣继续了解产品，才会提高网店的点击率。本章主要介绍京东网店广告设计的相关内容。

▶扫码看教程◀

▶扫码看效果◀

9.1 广告设计：增加网店广告的点击率

在京东店铺中，商品的广告设计非常重要，这是店铺引流的主要途径，好的广告设计可以引起消费者的注意，还能吸引消费者快速下单，甚至对商家的品牌产生认可。因此，商家一定要掌握商品广告的设计要点，了解高点击率产品背后的设计思路。

9.1.1 搭配颜色调和字体

由于商品广告图的区域不大，因此在其中添加文字和图片元素时，一定要注意颜色和字体的协调，不可滥用，以免消费者产生视觉疲劳。

例如，很多商家采用非常艳丽的颜色来吸引消费者眼球，这种设计看上去具有很好的视觉冲击力，其实很难提高商品的点击率。建议文字的颜色根据产品颜色来进行搭配，可以采用同色系或者互补色系，如图9-1所示。

 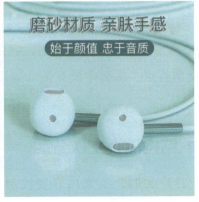

图9-1 产品广告图的颜色字体要搭配调和

> **专家指点**
>
> 要想利用视觉效果传递令消费者感兴趣的信息，首先应该了解消费者的消费心理。一般而言，当消费者在浏览信息时，如果看到了赠送或者优惠等字眼，就容易激发他们的消费心理，引起他们的关注，从而提高商品的点击率。

9.1.2 用创意素材抓突破点

在选取商品图像的装饰素材时，一定要具有创意，利用这些装饰素材作为突破口，直击消费者的核心需求。图9-2所示为手机镜头的广告图，它选择了一张创意感很强的星空图片作为背景，对产品进行装饰，可以非常形象地诠释产品的性能。

图9-2 选择星空背景的商品广告图

9.1.3 内容全面重点突出

在京东店铺中，广告对于商品销售来说非常重要，对于那些内容不全面、抓不到重点的广告，其引流效果是不太理想的。

因此，我们在设计商品广告时，一定要注重对重点信息的突出，将产品的卖点充分地展示出来，并加以修饰和润色。同时，对于那些无关紧要的内容，一定要及时删除，不要削弱了广告图本身的表现力。

图9-3所示为空调扇的广告图，它使用白色的雾气来传达"快速降温"的功能特点，画面中没有赘余的语言，非常简洁明了，主题也很明确。

9.1.4 结构清晰主次分明

在设计广告时，文案内容要控制好，不能抢占了产品的风头，一定要做到主次分明。通常建议广告中的产品图片比例为整体的2/3左右，其他内容为1/3左右。当然，制作比较特殊的广告效果时，也可以适当采用满版型的设计方式。图9-4所示为一些文案与图片主次分明的产品广告图。

图9-3 主题要突出重点

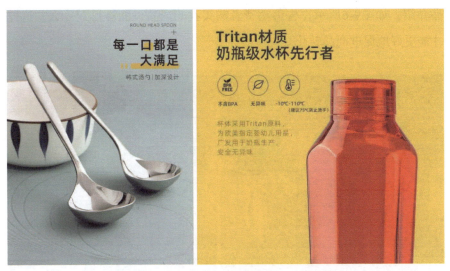

图9-4 文案与图片主次分明的产品广告图

9.1.5 视觉化设计加产品介绍

在制作商品广告图时,商家容易进入一个误区,那就是商品视觉化的设计越好,其商品的购买率就会越高。其实不然,忽略了产品信息的展示一样达不到好的产品效益。图9-5所示为商品的广告图,这些商品广告图都缺乏产品介绍,很容易让消费者对广告图要传达的信息不甚了了,从而导致消费者的流失。

图9-5 视觉化的主图设计

因此,我们在重视产品视觉化设计的同时,还需要适当地添加一些产品介绍，如图9-6所示，告诉消费者购买我的产品，能够得到什么，这样才能更好地促进商品转化。

图9-6 适当地添加产品介绍

9.2 广告视觉：通过视觉设计提升转化率

在京东电商平台中，视觉营销是商家最重要的营销手段之一，因此在网店的广告视觉设计中，视觉营销不断推陈出新，可以为商家提升店铺的转化率。本节主要介绍通过视觉设计提升商品转化率的相关技巧。

9.2.1 用京选展位提升商品点击率

在京东电商平台中，广告的最佳展示位置简称"京选展位"，当消费者被各种各样的广告环绕时，什么样的广告才是他们所喜爱的呢？即使有资本投入京选展位，又应该如何让其最大限度地发挥该有的作用呢？

图9-7 京选展位广告特点

从一些优秀的京选展位广告分析中不难得出，一个想要获得大量点击率的广告需要具备以下特点，如图9-7所示。

同时，与京选展位广告的一些特点相对应，京选展位广告的设计步骤也会有所针对，具体内容如图9-8所示。

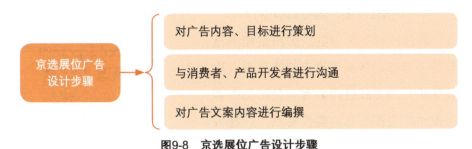

图9-8　京选展位广告设计步骤

专家指点　对京选展位广告进行设计的时候，沟通是其中重要的环节，如果不了解消费者对自身产品的使用体验，就无法准确地把握其消费需求。当然，策划和设计也是不可缺少的，三者环环相扣。

9.2.2　在产品内页中融入视觉卖点

产品内容页面的设计对于提高京东店铺的转化率而言，其作用和重要性是不言而喻的，甚至比首页的作用还要大。因此，京东店铺的商家在进行产品内容页面设计时，想要打造最佳的视觉效果，应注重将产品的卖点融入其中。消费者往往会针对产品进行仔细筛选和观察，能不能经得起观察和考验，就需要在京东的产品内容页面对产品和其他要点进行全面的介绍，其具体内容如图9-9所示。

图9-9　产品内容页面的介绍内容

京东店铺产品内容页面的设计需要从细节方面慢慢琢磨，寻求将产品卖点转化为视觉效果的方法，接下来介绍具体的转化方法。

（1）宣传文案：要极具吸引力

产品内容页面中的广告图是相当重要的一部分，将提炼出来的产品卖点用视觉设计的方式进行表现，是产品内容页面中广告图设计的操作要点。选择极具吸引力的宣传文案与广告图进行组合，将更有利于突出产品的卖点，增强产品的竞争优势。

图9-10所示为京东上藏品收纳盒的广告图，文案和图片相得益彰，能够很好地吸引消费者的注意力。

图9-10 藏品收纳盒的广告图

（2）宣传方式：讲述产品卖点

在将产品卖点视觉化的时候，可以利用相应的方法和技巧来达到比较好的效果。比如，利用卡通形象以第一人称的形式来讲述产品卖点，就能达到不错的视觉效果，如图9-11所示。

图9-11 利用卡通形象讲述卖点

（3）宣传技巧：体现产品原料

把制作产品的原料进行展示也是一种将产品卖点视觉化的方法，可以提升消费者对产品信任度。图9-12所示为体现产品原料的广告图，值得注意的是，产品的制作原料并不只是进行简单的摆放，而是在展示产品原料的同时，还展示了产品原料的生长环境，为消费者带来强烈的视觉冲击，突出了产品的特征，增强记忆点，这便是卖点视觉化的方法。

图9-12　体现产品原料

产品的内容页面设计需要商家进行认真的考虑，不应该仅仅局限于对产品卖点进行简单的罗列，也可以将其融入视觉效果，让消费者从图片和文案中感受到来自产品的双重冲击。当然，除了上面提到的方法之外，还有许多值得借鉴和参考的视觉转化技巧，商家可以在全面地学习和了解其他优秀的视觉化方法后，再对自己产品广告进行设计。设计需要跟上潮流，需要不断进步，设计没有止境。

9.2.3　重视连续卖点的组合设计

消费者在阅读产品内容页面时，通常要看很久，因为页面一般比较长，涵盖的信息也比较全面，因此大部分消费者会通过滑动滚轮翻页。商家设计产品内容时，也需要打造图文并茂的视觉效果，可以采用图文混排的设计方式，如图9-13所示。

图9-13　图文混排的产品内容页面

总的来说，图文混排的方式较好地营造了组合视觉的效果，让消费者不至于因为一直浏览单一的版面设计而感到枯燥无趣。当然，在设计的过程中，一定要注意图与图之间的联系，持续地吸引消费者的注意力。

视觉效果的设计是为了给消费者带来良好的购物体验，因此在进行组合视觉设计的时候，必须要考虑消费者浏览产品内容页面花费的成本问题，这些成本主要包括以下几个方面，如图9-14所示。

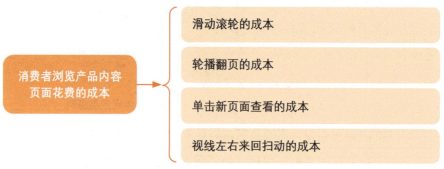

图9-14　消费者浏览产品内容页面花费的成本

而针对这些消费者所花费的成本，在进行视觉化的时候，就应该有效避免或相应减少。减少消费者阅读成本的视觉设计方法，如图9-15所示。

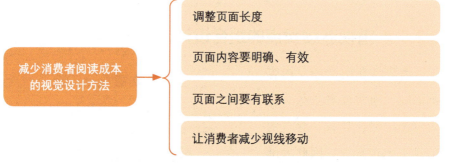

图9-15　减少消费者阅读成本的视觉设计方法

9.2.4　注重主题视觉　提升商品转化率

广告的主题方案与视觉设计是密不可分的，因为一般都是根据方案的主题来对广告进行视觉化，这样做的途径有很多，可以利用的工具也很多。千万不要觉得将方案的主题视觉化是一件很困难的事情。在设计的过程中就会发现，不同主题方案之间的区别也不过就是素材、颜色以及对比等技巧的不同。

在制作产品广告时，如果商家一味地追求视觉设计，就很容易把广告主题淡化。图9-16所示为一款游戏机保护壳的广告图，图中不但将产品按照广告主题来进行视觉化设计，而且在文案上也充分地展示了广告的主题。

9.2.5 实现技术设计 阐述产品卖点

技术实现讲的是更加细致的设计技巧，主要围绕典型的案例来描述产品卖点。图9-17所示为水密码的产品广告图，不难看出卖点是产品的补水、保湿功效。

图9-16　广告主题视觉化

在画面中通过精细设计，一方面突出了产品的功能卖点，另一方面有利于对产品原理进行细致的展现，让消费者了解产品，提高他们对品牌的信任度。该广告图将产品功能和产品原材料结合在一起，利用容器的形状，层层分析产品"渗透更深入，多倍吸收"的原理。整个广告图以水蓝色作为背景颜色，同样突出了产品补水、保湿的特点。

图9-17　水密码旗舰店的产品广告图

9.3 广告实战：女鞋广告设计步骤详解

本案例为京东女鞋店铺设计的广告海报，海报中将女鞋图片与宣传文案自然地融合在一起，通过错落的排版方式和对比色彩有效地将消费者的视线集中到画面中心的文字区域上，从而通过文字将信息准确地传达给消费者。下面介绍设计女鞋广告的具体步骤。

9.3.1 制作女鞋广告的背景效果

广告背景的表现形式能影响整体的氛围，甚至风格，所以背景的制作相当重要。本小节将介绍设计女鞋广告背景效果的具体步骤。

步骤 01 按【Ctrl + N】组合键，弹出"新建文档"对话框，❶ 设置"名称"为"9.3"、"宽度"为1225像素、"高度"为768像素、"分辨率"为72像素/英寸、"颜色模式"为"RGB颜色""背景内容"为"白色"；❷ 单击"创建"按钮，新建一个空白图像，如图9-18所示。

步骤 02 置入"图像1.jpg"素材图像，在图像编辑窗口中调整该图像的大小和位置，并按【Enter】键确认，如图9-19所示。

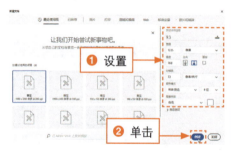
图9-18 新建文件

图9-19 置入"图像1.jpg"素材图像

步骤 03 置入"图像2.jpg"素材图像，在图像编辑窗口中调整该图像的大小和位置，并按【Enter】键确认，如图9-20所示。

步骤 04 ❶ 在"图层"面板中选中"图像2"图层，单击鼠标右键；❷ 在弹出的快捷菜单中选择"栅格化图层"选项，如图9-21所示。

图9-20 置入素材图像

图9-21 选择"栅格化图层"选项

步骤 05　在工具箱中选取魔棒工具，在工具属性栏中设置"容差"为5，在图像编辑窗口中的紫色区域单击鼠标左键，即可创建选区，如图9-22所示。

步骤 06　按【Delete】键删除选区内的图像，按【Ctrl+D】组合键取消选区，最后在图像编辑窗口中适当调整"图像2"图层的大小和位置，如图9-23所示。

图9-22　创建选区　　　　　　　　图9-23　调整图层的大小和位置

9.3.2 ● 制作女鞋广告的文字说明

在广告设计中，良好的文字效果能让广告图在视觉上显得错落有致，所以广告文字至关重要。下面介绍设计女鞋广告文字说明的具体步骤。

步骤 01　在工具箱中选取横排文字工具，在图像编辑窗口中的合适位置输入文字"只限今日"，如图9-24所示。

步骤 02　展开"字符"面板，设置"字体"为"黑体""字体大小"为16点、"设置所选字符的字距调整"为-31、"颜色"为玫红色（RGB参数值为250、88、215），激活"仿粗体"图标，按【Ctrl+Enter】组合键确认，如图9-25所示。

图9-24　输入文字1　　　　　　　　图9-25　设置参数1

步骤 03 在工具箱中选取横排文字工具,在图像编辑窗口中的合适位置输入文字"188",如图9-26所示。

步骤 04 展开"字符"面板,在其中设置"字体"为"黑体""字体大小"为72点、"颜色"为玫红色(RGB参数值分别为250、88、215)、"设置所选字符的字距调整"为-100,激活"仿粗体"图标 T,按【Ctrl + Enter】组合键确认输入,如图9-27所示。

图9-26 输入文字2

图9-27 设置参数2

步骤 05 置入"图像3.psd"素材图像,在图像编辑窗口中调整该图像的大小和位置,并按【Enter】键确认,如图9-28所示。

步骤 06 ❶ 在"图层"面板中选中"图像3"图层,单击鼠标右键;❷ 在弹出的快捷菜单中选择"栅格化图层"选项,如图9-29所示。

图9-28 置入"图像3.psd"素材图像

图9-29 选择"栅格化图层"选项1

步骤 07 在工具箱中选取魔棒工具,在工具属性栏中设置"容差"为5,在图像编辑窗口中的黄色区域单击鼠标左键,即可创建选区,如图9-30所示。

步骤 08 按【Delete】键删除选区内的图像,按【Ctrl + D】组合键取消选区,最后在图像编辑窗口中适当调整"图像3"图层的大小和位置,如图9-31所示。

图9-30 创建选区1　　　　　　图9-31 取消选区1

步骤 09　置入"图像4.psd"素材图像,在图像编辑窗口中调整该图像的大小和位置,并按【Enter】键确认,如图9-32所示。

步骤 10　❶ 在"图层"面板中选中"图像4"图层,单击鼠标右键;❷ 在弹出的快捷菜单中选择"栅格化图层"选项,如图9-33所示。

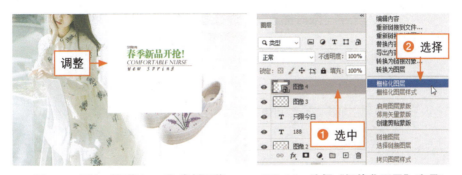

图9-32 置入"图像4.psd"素材图像　　图9-33 选择"栅格化图层"选项2

步骤 11　在工具箱中选取魔棒工具,在工具属性栏中设置"容差"为5,在"图像4"图层中的白色区域单击鼠标左键,即可创建选区,如图9-34所示。

图9-34 创建选区2

步骤 12　按【Delete】键删除选区内的图像,按【Ctrl+D】组合键取消选区,最后在图像编辑窗口中适当调整"图像4"图层的大小和位置,如图9-35所示。

步骤 13 在工具箱中选取椭圆工具，在工具属性栏中设置"填充"为粉红色（RGB参数值分别为253、113、157），如图9-36所示。

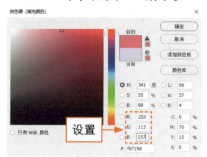

图9-35 取消选区2　　　　　　图9-36 设置"填充"颜色

步骤 14 在图像编辑窗口中的合适位置创建一个圆，如图9-37所示。

步骤 15 在工具箱中选取横排文字工具，在图像编辑窗口中的合适位置输入文字"限时优惠"，进行适当旋转，如图9-38所示。

图9-37 创建一个圆　　　　　　图9-38 输入文字3

步骤 16 展开"字符"面板，设置"字体"为"黑体"、"字体大小"为24点、"行距"为28点、"设置所选字符的字距调整"为-100、"颜色"为白色，激活"仿粗体"图标 **T**，按【Ctrl + Enter】组合键确认，如图9-39所示。

步骤 17 执行上述操作后，即可完成女鞋广告的制作，效果如图9-40所示。

图9-39 设置参数3　　　　　　图9-40 最终效果

第 10 章

拼多多设计：
商品详情页制作

在拼多多电商平台中，商品的详情页在重新排列商品细节展示的过程中，只能通过文字、图片和视频等方式与消费者进行沟通，如商品类型的展示、细节展示、产品规格以及参数的设计等，而这些图片的添加和修饰都是有讲究的。本章主要介绍拼多多商品详情页的视觉设计。

▶扫码看教程◀

▶扫码看效果◀

10.1 详情页元素：决定商品成交的关键

在拼多多网店交易过程中，没有实物、营业员，也不能进行口头推销，此时商品详情页承担着推销商品的职责，因此商品详情页元素的设计是决定商品成交的关键所在。

10.1.1 商品主图的视觉设计

好的商品主图在网络营销中起着重要的作用，不但可以增加在商品搜索列表中被发现的概率，而且直接影响着消费者的购买决策。那么什么是好的商品图片呢？

图10-1　好的商品图片示例

好的商品图片应该反映出商品的类别、款式、颜色以及材质等基本信息。在此基础上，要求商品图片拍得清晰、主题突出以及颜色准确等，如图10-1所示。

图10-2　产品的整体图和细节图

要把一件商品完整地呈现在消费者面前，让消费者在整体上、细节上都有一个深层次的了解，刺激其购买欲望，因此一个好的商品主图至少要有整体图和细节图，如图10-2所示。

10.1.2 商品搭配专区的视觉设计

商品搭配也属于商品详情页设计的一部分，是店铺在视觉设计中较为重要的一部分，其中商品搭配的要点如图10-3所示。

```
┌─────────────┐      ┌────────────────────────────┐
│             │  →   │ 方法：研究相似需求的人群    │
│  商品搭配的 │      └────────────────────────────┘
│    要点     │      ┌────────────────────────────┐
│             │  →   │ 目的：适当增加商品单价      │
│             │      └────────────────────────────┘
└─────────────┘      ┌────────────────────────────┐
                 →   │ 形式：用首页、商品内页展示  │
                     └────────────────────────────┘
```

图10-3　商品搭配的要点

化妆品是比较适合进行商品搭配的产品类型，为了方便消费者一次性购买护肤产品，许多护肤品店铺都会在首页或者商品详情页进行搭配推荐。图10-4所示为兰蔻一款商品详情页中的商品推荐搭配。

除了化妆品之外，服装类的商品也很适合搭配推荐，商品的搭配往往能促进商品的销售，提高客单价。图10-5所示为服装的相关搭配，在销售单件商品的同时还可以进行连带销售，有力地提升了商品和店铺的转化率。

图10-4　兰蔻商品搭配推荐　　　图10-5　服装搭配推荐

商品的搭配可以对消费者形成心理暗示，唤醒他们潜在的消费需求，从而提升购买力。在商品进行搭配后，商品陈列也同样具有技巧性。

图10-6所示为拼多多某商品的并列展示图，各种不同类型的坚果提供了更加多样的选择，能够有效地吸引消费者进行搭配购买。

图10-6　同类产品的陈列方式

10.1.3 商品细节展示区的视觉设计

在拼多多商品详情页中，通过对商品的细节进行展示，能够让消费者在脑海中形成大致的形象。当消费者有意识想要购买的时候，商品细节区域的视觉设计就起作用了，细节的展示是让消费者更加了解这个商品的主要途径，消费者熟悉商品对最后的成交起到了关键作用。细节的展示可通过多种方法来表现，如图10-7所示。

图10-7　商品的细节展示

需要注意的是，细节图能抓住消费者的需求点即可，其他多余的部分要尽可能地删除。网页中图片显示的内容过多会产生较长的缓冲时间，容易造成顾客的流失。

10.2 详情页设计：决定商品成交的关键

在拼多多平台上，产品的视觉主要是针对产品的展示效果而言的，其中涵盖了视觉效果打造过程中的诸多细节，比如数据分析、逻辑顺序、产品描述、关联销售等。

产品视觉效果的好坏，直接关系到产品的销量高低，还会影响品牌的形象，因此打造产品视觉效果至关重要。

10.2.1 理清视觉设计的逻辑关系

对产品视觉进行优化前，要理清产品内页设计的逻辑关系，不然只会造成混乱。一般而言,产品成交的顺序分为以下几个步骤,如图10-8所示。

首先,商家可以通过优惠、赠送小礼品等信息吸引消费者的兴趣,这是第一步。接下来,可以展示产品特色和相关卖点的细节图,这一设计是为了让消费者对产品形成信任感,从而激发其潜在的消费需求。在展示产品获得的相关荣誉时,除了简单陈述外,最好还附上具体的数据和图片,这样更具说服力。

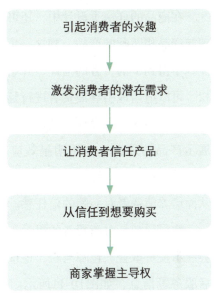

图10-8　产品成交的步骤

想要打动消费者,还要从消费者的需求点出发,了解他们为什么需要这款产品。此时,商家可以介绍产品的优点,深度挖掘消费者的需求,进一步激发其购买欲望,如图10-9所示。

同时,展示产品的成分或材质也可以满足消费者的好奇心,特别是护肤类产品,强调产品的添加成分能够让消费者产生信赖。为了赢得消费者的青睐,对产品的使用方法进行详细介绍也是不可缺少的一个步骤。

对产品细节部分的展示对于商品详情页设计十分重要,因为消费者关注的是产品本身,而这是一个理性的观察。图10-10所示为产品细节的展示图,一般而言,细节展示越详细,消费者对产品和品牌就会越信任。

图10-9　符合消费者需求的商品视觉设计

图10-10　产品的细节图

在商品的详情页设计中，还可以顺便推荐与产品相匹配的产品。到这一步，商家已经基本得到了消费者的信任，开始占据主导权，可以适当地引导消费者进行延伸购物，这就是商品详情页设计的技巧所在。随后，展示产品的理念，运用明星效应和品牌标语，可以让消费者深刻认识到品牌的价值，从而培养消费者对品牌的信任感。

购买须知是对消费者的提示，一般主要会展示发货事宜、包邮与否、地址更改、售后服务等信息，如图10-11所示。另外，商家可以在商品详情页设计中插入消费者评价，这种方式也是培养消费者对品牌产生信任感的有效方法，因为消费者更倾向于相信其他消费者的看法和评价。

图10-11　购买须知

> **专家指点**
>
> 购物须知虽然可能没有多少消费者会看，但它的存在很有必要：一是为了给有些细心的消费者提供便利；二是为了保证店铺的利益不受侵害，避免某些不必要的麻烦。

值得注意的是，并非所有产品的逻辑顺序都是一致的，需要根据产品的不同类型及时间点进行区分，才能打造良好的视觉效果。

10.2.2 提炼绝佳的视觉创意

有时候，将产品通过特殊的方式排列起来，会形成富有创意的视觉效果，比如通常在超市或者大型卖场会看见用产品搭建的卡通人物、建筑等。图10-12所示为富有创意的产品排列，在拼多多店铺的产品详情页中，商家也可以采用这种方式，通过富有创意的排列组合，给消费者带来非同一般的视觉享受。

图10-12　富有创意的产品排列

这种产品的特殊排列方式也可以运用在店铺的首页中，其优势主要有以下几点，如图10-13所示。

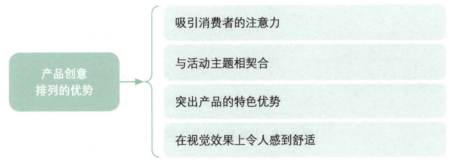

图10-13　产品创意排列的优势

10.2.3 ● 运用色彩传递视觉信息

色彩是人们生活中不可缺少的部分，蓝色的天空、绿色的森林、白色的云朵，五彩缤纷的世界让我们对它充满了热爱。我们的视觉中不能缺少色彩，我们对色彩的搭配也有所要求。

各行各业都需要运用色彩搭配，无论是服装、装修，还是广告、绘画，那么基本的色彩分为哪些类型呢？接下来详细地介绍几种。

（1）颜色相近的色彩

颜色相近的色彩叫作近似色，近似色的色彩搭配在视觉上令人感到舒适且温和，容易让消费者对产品和店铺产生好感。通常来说，近似色的搭配比较适合至简和回归自然的品牌理念。图10-14所示为飞科的产品详情页面，可以看出，它就是应用了近似色的色彩搭配。

（2）互相补充的色彩

颜色上互为补充的色彩称为互补色，比如黄色和紫色、红色和绿色、蓝色和橙色、黑色和白色等。除此之外，还有渐进色的色彩搭配，其搭配方法主要是按照以下几个要素的高低顺序来排列，如图10-15所示。

图10-14　飞科的产品详情页面

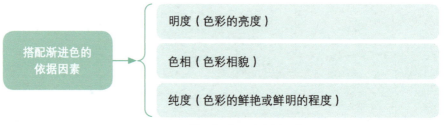

图10-15　搭配渐进色的依据因素

每种不同的色彩代表了不同的含义，比如黑色代表着沉稳、严肃、神秘、压力，绿色代表着生机、活力、自然、公平、理智，红色代表着热情、勇敢、健康、奋发，紫色代表着优雅、尊贵、孤独、权威等。在对商品详情页的视觉效果进行设计时，要根据不同的类型分别进行处理。当然，在实际的商品详情页设计中，还要注意主色调和文字信息的搭配。

> **专家指点**
>
> 一般而言，产品和广告图中出现三个主色调为佳，如果画面颜色过多过杂，就会影响消费者对于信息的提取。这样做的好处很多，一是为了有效地传达品牌的信息，二是为了突出产品的风格，让画面更加和谐统一。

10.2.4 视觉构图必须协调完整

视觉构图的应用范围很广,但其目的只有一个,就是打造一个协调好看的画面,吸引消费者的注意。那么,构图的含义是什么呢?其分析如图10-16所示。

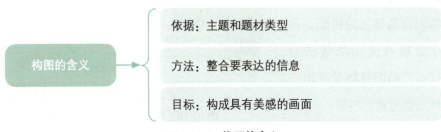

图10-16 构图的含义

例如,三角形构图就是以画面中的3个元素为视觉中心,形成一个类似三角形的形状,这样构图的好处是既沉稳又不失灵巧。图10-17所示为斜三角形的构图,产品的放置正好构成一个三角形,画面整体和谐统一。

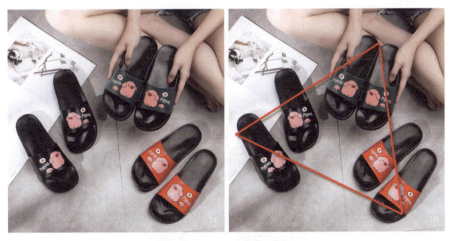

图10-17 斜三角形的构图

10.2.5 视觉设计风格统一

风格统一是视觉设计中较为重要的一点,如果产品定位是时尚潮流,那么视觉设计也应该符合时尚前卫的标准;如果产品属于文艺清新的类型,那么视觉设计应该倾向于文艺清新的风格。

巨大的反差很难让消费者在短时间内接受，因此表里如一才是正解。图10-18所示为俏皮可爱类视觉风格的产品图，通过产品和背景颜色的搭配，再结合模特使用场景的衬托，产品图整体呈现出一种俏皮可爱的风格。

图10-18　俏皮可爱风格的产品图

10.2.6　设计完美视觉化文案

在进行文案设计时，一定要明确主题，还要在视觉表达上突出主题，让消费者直接接收到你想要传达的信息。一般广告突出的主题都是围绕营销展开的，因而少不了促销、优惠、打折、满减等信息，在进行视觉设计时应该重点突出这些要素。

图10-19所示为食品类的营销图，"买1箱送1箱"能够大大吸引消费者的兴趣，"3斤约42个"则再次强调产品分量充足，强化了营销的力度。

图10-19　食品类的营销图

当然，在突出主题的时候，还要注意一些事项，不然只会造成视觉效果的混乱。图10-20所示为设计主题突出的视觉效果应注意的问题。

```
┌─────────────┐     ┌──────────────────────────────┐
│ 主题突出的视觉 │────▶│ 产品文案内容要大于形式，勿要假大空 │
│ 效果应注意的问题│     ├──────────────────────────────┤
│             │     │ 文案的细节不可过多，要简单明了    │
│             │     ├──────────────────────────────┤
│             │     │ 分清文案中内容的主次关系，要结构清晰│
└─────────────┘     └──────────────────────────────┘
```

图10-20　主题突出的视觉效果应注意的问题

在新产品的策划文案中，创作重点主要是围绕产品卖点，进而对整体进行把控。所以，很多新品推出之时，都是以产品的卖点为主，没有卖点就打造卖点，以吸引消费者的注意力。因此，如何在第一时间吸引消费者，让消费者心甘情愿为新品买单，就是新品文案策划时必须要思考的问题。

10.3　详情页实战：抱枕网店详情页设计

本案例为拼多多抱枕网店设计的产品详情页，在产品的细节展示区中能够让消费者全方位地了解商品。下面介绍设计抱枕商品详情页的步骤。

10.3.1　制作背景直线装饰效果

在产品详情页设计中，制作背景直线装饰能够使产品详情页的版式更加简洁分明，因此直线在设计装饰上必不可少。下面介绍制作背景直线装饰效果的具体步骤。

图10-21　新建文件

步骤 01 按【Ctrl+N】组合键，弹出"新建文档"对话框，❶ 设置"名称"为"10.3"、"宽度"为750像素、"高度"为900像素、"分辨率"为300像素/英寸、"颜色模式"为"RGB颜色"、"背景内容"为"白色"；

❷ 单击"创建"按钮，新建一个空白图像，如图10-21所示。

步骤 02　单击工具箱底部的前景色色块,弹出"拾色器(前景色)"对话框,设置"前景色"为灰色(RGB参数值均为190),如图10-22所示。

步骤 03　单击"确定"按钮,选取直线工具,在工具属性栏中设置"粗细"为3像素,按【Shift】键,在图像编辑窗口的适当位置绘制一条直线,如图10-23所示。

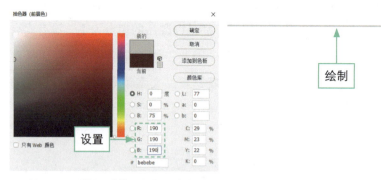

图10-22　设置"前景色"为灰色　　　　图10-23　绘制直线

10.3.2 制作抱枕细节展示效果

在产品详情页中,消费者会着重关注产品的细节,因此对于产品细节的展示必不可少。下面介绍制作抱枕细节展示效果的具体步骤。

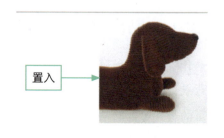

步骤 01　置入"10.3(1).jpg"素材图像,在图像编辑窗口中,调整该图像的大小和位置,并按【Enter】键确认,如图10-24所示。

图10-24　置入"10.3(1).jpg"素材图像

步骤 02　置入"10.3(2).jpg"素材图像,在图像编辑窗口中,调整该图像的大小和位置,并按【Enter】键确认,如图10-25所示。

步骤 03　按【Ctrl+Shift+N】组合键,新建图层;在工具箱中选取直线工具,在工具属性栏中设置"粗细"为25像素、"填充"为棕色（RGB参数值分别为76、27、15），如图10-26所示。

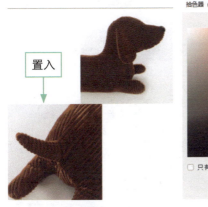

图10-25 置入"10.3（2）.jpg"素材图像

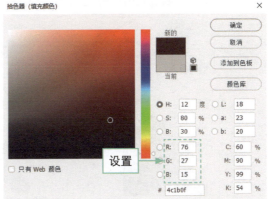

图10-26 设置"填充"颜色为棕色

步骤 04 在图像编辑窗口中的合适位置绘制一条直线，按住【Alt】键的同时，拖曳直线至合适的位置，图10-27所示。

10.3.3 制作抱枕细节文字说明

在产品详情页的细节展示区中，添加文字说明是必不可少的，文字不

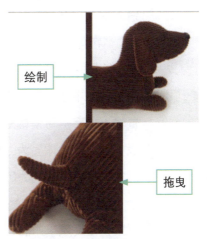

图10-27 绘制并复制直线

仅起着补充说明的作用，也能对商品图像进行美化。下面介绍制作抱枕细节文字说明的具体操作步骤。

步骤 01 在工具箱中选取横排文字工具，❶ 在图像编辑窗口中的适当位置输入文字"宝贝详情"；❷ 在"字符"面板中设置"字体"为"黑体""字体大小"为8点、"颜色"为棕色（RGB参数分别为97、42、22），按【Ctrl+Enter】组合键确认输入，如图10-28所示。

步骤 02 在工具箱中选取横排文字工具，❶ 在图像编辑窗口中的适当位置输入文字"HEAD"；❷ 在"字符"面板中设置"字体"为

"黑体""字体大小"为8点、"颜色"为黑色（RGB参数均为0），按【Ctrl+Enter】组合键确认输入，如图10-29所示。

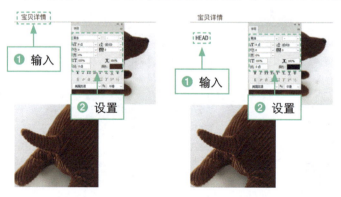

图10-28　输入文字并设置参数1　　图10-29　输入文字并设置参数2

步骤03　在工具箱中选取横排文字工具，❶ 在图像编辑窗口中的适当位置输入文字"头部"；❷ 在"字符"面板中设置"字体"为"楷体""字体大小"为8点、"颜色"为棕色（RGB参数分别为63、26、11），按【Ctrl+Enter】组合键确认输入，如图10-30所示。

步骤04　在工具箱中选取横排文字工具，❶ 在图像编辑窗口中的适当位置输入文字"可爱的豆豆眼 显得憨厚又可爱"，在"字符"面板中设置"字体"为"楷体""字体大小"为6点、"颜色"为黑色（RGB参数均为0），按【Ctrl+Enter】组合键确认输入；❷ 用与上述相同的方法，完成尾巴区域的文字设计，并调整其位置，最终效果如图10-31所示。

 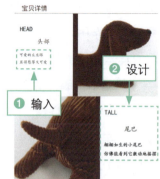

图10-30　输入文字并设置参数3　　图10-31　最终效果

第 11 章

抖音设计：
带货短视频制作

抖音短视频平台运营的重点在于，对内可以提高粉丝活跃和留存，对外可以获得传播和转化，但归结到底其主要目的是获得消费者和塑造品牌。

除此之外，短视频的呈现方式还可以让商品的展示更加立体化，拥有比文字、图片等内容形式更强的吸引力。本章主要介绍制作带货短视频的相关内容。

▶扫码看教程◀

▶扫码看效果◀

11.1 带货技巧：打造高转化的爆款视频

如今，通过电商和短视频平台推销商品已司空见惯，抖音带货短视频不仅可以在短时间内详细地展示商品，还成了一个吸引消费者的新途径。图11-1所示为蛋糕的短视频示例。

图11-1 蛋糕的短视频示例

制作抖音带货短视频与其他视觉设计的目的一致，就是提升商品的转化率。跟图文和直播相比，短视频的主要优势如下。

① **相比图文**：短视频承载的信息、场景和情绪，都要远远高于图文内容，可以增强消费者的代入感。

② **相比直播**：短视频的时间短，人力成本、设备成本和制作成本要更低，而且操作简单易学，能够帮助商品更好地进行吸粉、引流。

当然，尽管短视频有这些优势，但并不是说只要商家制作了短视频，就能一劳永逸。短视频同样需要正确的运营技巧，才能有更好的转化效果。

11.1.1 寻找卖点：用视频展现精华内容

商家在抖音平台发布新产品时，可以利用短视频来进行引流，因此在拍摄视频时，商家必须根据消费者对产品各个方面的关注程度，来排列卖点的优先级，全方位地展示产品信息，从而吸引消费者。

当然，制作抖音短视频还需要深入分析产品的功能并提炼相关的卖点，然后亲自去使用和体验产品，通过视频来展现真实应用场景。寻找产品卖点的4个常用渠道如图11-2所示。

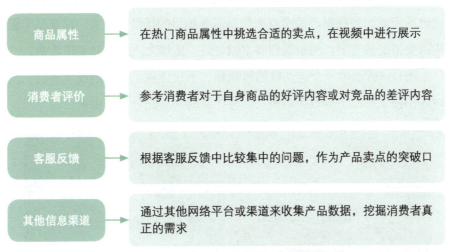

图11-2 寻找产品卖点的4个常用渠道

总之，商家只有深入了解自己的产品，对产品的生产流程、材质类型和功能用途等信息了如指掌，才能提炼出产品的真正卖点。

例如，购买女装的消费者会关注产品做工、舒适度以及搭配等问题，所以他们会更在乎产品的款式和整体的搭配效果。因此，商家可以根据"上身效果＋设计亮点＋品质保障＋穿搭技巧"等组合来制作抖音短视频，相关示例如图11-3所示。

图11-3 女装产品短视频示例

> **专家指点**
>
> 商家要想让自己的短视频吸引消费者的目光，就要知道消费者想要的是什么，只有抓住消费者的消费心理来提炼卖点，才能使其快速下单。

11.1.2 设计脚本：根据卖点拍摄短视频

当找到产品卖点后，就需要根据这个卖点来设计抖音短视频的脚本。此时商家就需要根据产品卖点来规划需要拍摄的场景和镜头，以及每个镜头需要搭配的文案。将短视频脚本做好后，能够大大地提升工作效率。

图11-4所示为一个运动鞋的短视频，不仅体现了产品的细节质感，同时还拍摄了产品上身效果的镜头，将产品的卖点充分展现出来。

图11-4 运动鞋的短视频示例

表11-1所示为上述运动鞋产品短视频的脚本。

表11-1 运动鞋的轮播视频脚本示例

镜头组	场景	内容细节	运镜方式	卖点字幕
1	桌面	展示运动鞋的侧面立体感	向右移动镜头	超纤＋网布拼接鞋面
2	手持	用手360°旋转产品	固定镜头	无
3	黑底	展示透气实验效果	固定镜头	无

续表

镜头组	场景	内容细节	运镜方式	卖点字幕
4	包装盒	展示防滑实验效果	固定镜头	防滑轻盈 橡塑大底
5	手持	展示鞋底的厚度和柔软性	固定镜头	无
6	白底	展示鞋子内里做工的柔软性	近景特写镜头	舒适柔软内里
7	手持	展示鞋底的纹路	固定镜头	无
8	外景	展示穿鞋子的过程	远景镜头	无
9	外景	展示模特穿鞋后的脚部特写	环绕运镜	无
10	外景	展示模特穿鞋后的走路场景	固定镜头	无

11.1.3 后期剪辑：提高播放量的小技巧

当商家拍摄好短视频后，最后还需要进行后期剪辑，下面介绍一些可以帮助商家提升短视频播放量的小技巧。

① **注重开端内容。**一般抖音短视频的前5秒非常重要，是决定消费者是否继续观看的关键所在，因此商家需要在短视频的开端处尽量展示产品主体。很多视频拍摄软件或后期软件会自动在视频开始处添加片头水印，这样非常影响消费者的观看体验，商家可以使用其他软件将其删除。图11-5所示为使用剪映APP删除多余片头的操作方法：❶ 分割并选择短视频的片头部分；❷ 点击"删除"按钮。

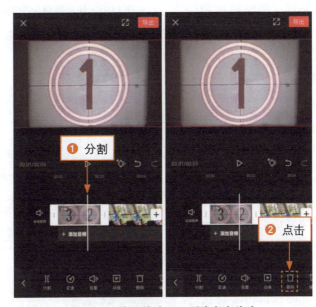

图11-5 使用剪映APP删除多余片头

② **巧用字幕讲解**。给短视频添加相应的字幕讲解内容，可以让消费者快速地了解商家要传达的产品信息。图11-6所示为使用剪映APP制作的气泡文字效果。要学习更多短视频的剪辑功能，大家可以阅读《剪映短视频剪辑从入门到精通》这本书，其中有详细的添加短视频字幕的操作方法。

③ **添加背景音乐**。商家可以根据短视频的剧情添加合适的背景音乐和各种音效，来丰富短视频的内容，同时还可以营造视频的氛围和情感。

图11-6　使用剪映APP制作的气泡文字效果

图11-7　使用剪映APP给短视频添加的背景音乐

图11-7所示为使用剪映APP给短视频添加的背景音乐。

11.2　图书秒杀：抖音带货短视频制作步骤详解

如果商家想要做出观赏性更高、内容更丰富的短视频，可以充分利用剪映提供的特效、转场、文本以及动画等功能进行更高阶的后期处理。本节将主要介绍制作图书秒杀抖音短视频的具体操作步骤。

11.2.1 对素材进行剪辑和变速处理

在剪映中，对素材进行快速剪辑和变速处理是最基本的操作之一，对视频进行灵活的处理，不但可以制作更美观、流畅的短视频，还可以任意打造想要的视觉效果。下面介绍对视频进行快速剪辑和变速处理的具体步骤。

（1）对视频进行快速剪辑

在剪映中对视频进行快速剪辑，不但可以及时对出现的问题快速处理，还可以随心所欲地截取需要的视频片段。下面介绍具体的操作步骤。

步骤 01 打开剪映软件，在主界面上单击"开始创作"按钮，如图11-8所示。

步骤 02 进入视频剪辑界面，单击"导入素材"按钮，如图11-9所示。

图11-8 单击"开始创作"按钮　　图11-9 单击"导入素材"按钮

步骤 03 弹出"请选择媒体资源"对话框，选择视频文件，如图11-10所示。

步骤 04 单击"打开"按钮，将视频导入"本地"素材库，如图11-11所示。

图11-10 选择相应的视频文件　　图11-11 导入文件到"本地"素材库

步骤 05 在"本地"素材库中选择视频2,单击素材缩略图右下角的添加按钮,即可将导入的视频添加到视频轨道中,如图11-12所示。

步骤 06 ❶ 在视频轨道中选中视频2;❷ 拖曳时间指示器至00:00:01:00的位置;❸ 单击"分割"按钮,如图11-13所示。执行操作后,即可分割视频。

图11-12 单击添加按钮

图11-13 单击"分割"按钮

步骤 07 ❶ 在视频轨道中选中视频2的前半部分;❷ 单击"删除"按钮,如图11-14所示。

步骤 08 执行操作后,即可删除选中的视频,如图11-15所示。

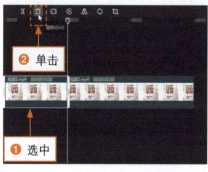
图11-14 单击"删除"按钮

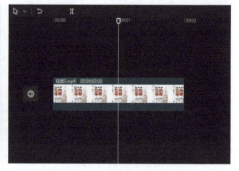
图11-15 删除选中的视频

(2)对视频进行变速处理

在剪映中可以对视频素材执行变速操作,从而调整视频的快慢。下面介绍具体的操作步骤。

步骤 01 在"本地"素材库中选择视频素材1,单击素材缩略图右下角的添加按钮,如图11-16所示。

步骤 02 在视频轨道中选中视频1,❶ 在"变速"操作区中单击"常规变速"选项卡；❷拖曳"倍数"滑块，设置"倍数"为0.6x，如图11-17所示。

图11-16 单击添加按钮

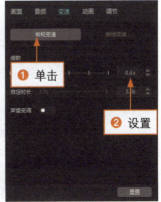

图11-17 设置"倍数"为0.6x

步骤 03　执行上述操作后，即可延长视频的时间，如图11-18所示。

步骤 04　重复步骤1和2，将视频5延长至与视频1时长一致，如图11-19所示。

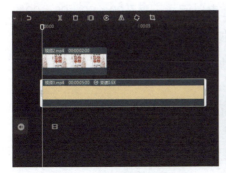

图11-18 延长视频1的时间

图11-19 延长视频5的时间

11.2.2 添加转场让素材自然衔接

在制作短视频时，可根据不同场景的需要，添加合适的转场效果和动画效果，让画面之间的切换更加自然流畅。下面介绍为视频添加转场效果的具体操作步骤。

步骤 01　在视频轨道中选中视频5，❶拖曳时间指示器至00：00：05：00的位置，按【Ctrl+C】组合键复制；❷按【Ctrl+V】组合键粘贴，即可在时间指示器后面添加一个视频5，如图11-20所示。

步骤 02　① 在"动画"操作区中单击"入场"选项卡；② 选择"向右滑动"入场动画；③ 设置"动画时长"为0.5秒，如图11-21所示。

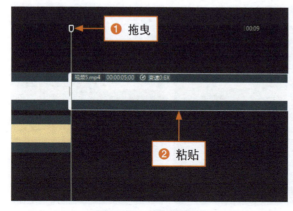

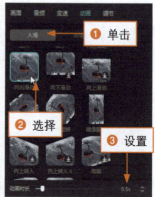

图11-20　添加视频5

图11-21　添加入场动画并设置时长

步骤 03　重复步骤1和2，再添加一个视频5，并添加"向右滑动"入场动画，如图11-22所示。

步骤 04　在视频轨道中选中视频1，拖曳时间指示器至00：00：05：00的位置，按【Ctrl+C】组合键复制，再按【Ctrl+V】组合键粘贴，在时间指示器后连续添加两个视频1，如图11-23所示。

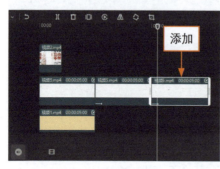

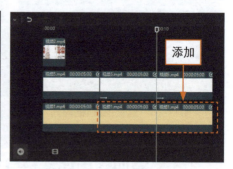

图11-22　再添加视频5

图11-23　添加两个视频1

步骤 05　在视频预览窗口中调整视频1和视频5的大小和位置，如图11-24所示。

图11-24　调整视频1和视频5的大小和位置

11.2.3 应用蒙版制作片尾效果

经常看短视频会发现，一般的短视频片尾都会统一风格，以账号头像作为结尾。下面介绍使用剪映制作片尾效果的具体操作步骤。

步骤 01 在轨道中向右调整视频2的位置，然后在视频轨道中选中视频1，拖曳时间指示器至00：00：15：00的位置，按【Ctrl+C】组合键复制，再按【Ctrl+V】组合键粘贴，即可在时间指示器后添加一个视频1，如图11-25所示。

步骤 02 在视频轨道中，调整该视频时长为2秒，如图11-26所示。

步骤 03 ❶ 在"画面"操作区中单击"蒙版"选项卡；❷ 单击"圆形"蒙版，如图11-27所示。

步骤 04 在视频的预览窗口中单击"原始"按钮，设置画布比例为9∶16（这是抖音短视频的屏幕比例），并调整蒙版的大小和位置，如图11-28所示。

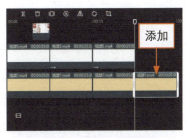

图11-25 添加一个视频1

图11-26 调整视频1时长

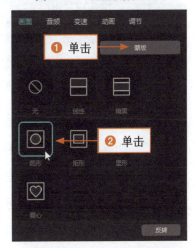

图11-27 单机"圆形"蒙版

图11-28 调整蒙版的大小和位置

步骤 05 拖曳时间指示器至00：00：15：00的位置，❶切换至"文本"功能区；❷在"花字"选项卡中选择合适的花字模板，并单击花字模板中的添加按钮，如图11-29所示。

步骤 06 执行操作后，即可在视频轨道中的时间指示器后，添加一个默认文本，在视频轨道中选中该文本，在"编辑"操作区中的文本框中输入相应的文字，并设置相应的参数，如图11-30所示。

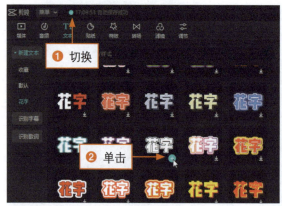

图11-29 单击花字模板中的添加按钮　　图11-30 输入文字并设置参数

步骤 07 在视频预览窗口中调整文本的大小和位置，❶切换至"贴纸"功能区；❷在"氛围"选项卡中选择合适的贴纸，并单击相应贴纸模板中的添加按钮，如图11-31所示。

步骤 08 执行该操作后，即可在视频轨道中的时间指示器后添加一个贴纸，在视频的预览窗口中调整贴纸的大小和位置，如图11-32所示。

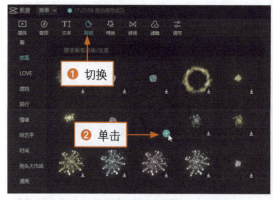 

图11-31 单击贴纸模板中的添加按钮　　图11-32 调整贴纸的大小和位置

11.2.4 添加字幕和背景音乐

字幕和背景音乐是短视频中非常重要的内容元素,选择好的字幕和背景音乐,能够让你的作品锦上添花。本节主要介绍为视频添加字幕和背景音乐的具体操作方法。

(1)为视频添加字幕

在剪映中可以输入和设置精彩纷呈的字幕效果,商家可以设置文字的字体、颜色、描边、边框、阴影和排列方式等属性,制作出不同样式的文字效果。下面介绍为视频添加字幕的具体操作步骤。

步骤 01 拖曳时间指示器至视频的起始位置,在"新建文本"选项卡中选择合适的"花字",并单击相应花字模板中的添加按钮，如图11-33所示。

步骤 02 执行操作后,即可在视频轨道中的时间指示器后添加一个默认文本,在视频轨道中选中该文本,在"编辑"操作区的文本框中输入文字"6.18限时秒杀",并设置相应的参数,如图11-34所示。

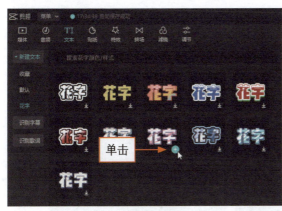
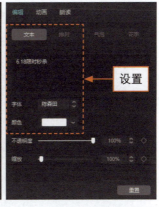

图11-33 单击添加按钮1　　　图11-34 输入文字并设置参数1

步骤 03 在视频预览窗口中调整文本的大小和位置,如图11-35所示。

步骤 04 拖曳时间指示器至视频的起始位置,在"新建文本"选项卡中选择合适的"花字",并单击相应花字模板中的添加按钮，如图11-36所示。

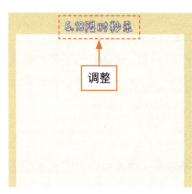

图11-35 调整文字的大小和位置

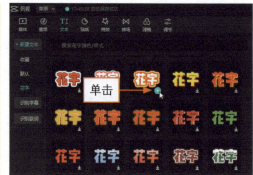

图11-36 单击添加按钮2

步骤 05 执行该操作后，即可在视频轨道中的时间指示器后添加一个默认文本，在视频轨道中选中该文本，在"编辑"操作区的文本框中输入文字"原价：56 秒杀价：34"，并设置相应的参数，如图11-37所示。

步骤 06 在视频预览窗口中调整文本的大小和位置，❶ 在"动画"操作区中单击"入场"选项卡；❷ 选择"向右擦除"入场动画；❸ 设置"动画时长"为0.5s，如图11-38所示。

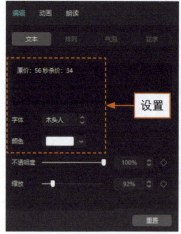

图11-37 输入文字并设置参数2

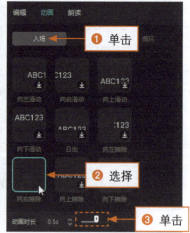

图11-38 选择入场动画并设置时长

步骤 07 拖曳时间指示器至视频的起始位置，在"新建文本"选项卡中选择合适的"花字"，并单击相应花字模板中的添加按钮，如图11-39所示。

步骤 08　执行操作后，即可在视频轨道中的时间指示器后添加一个默认文本，在视频轨道中选中该文本，在"编辑"操作区的文本框中输入文字"招招干货，实战精髓"，并设置相应的参数，如图11-40所示。

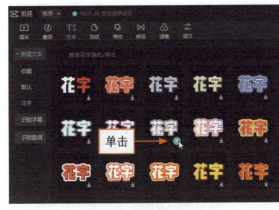
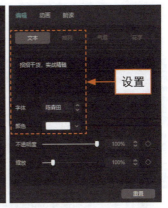

图11-39　单击添加按钮3　　　图11-40　输入文字并设置参数3

步骤 09　在视频预览窗口中调整文本的大小和位置，❶ 在"动画"操作区中单击"入场"选项卡；❷ 选择"向右擦除"入场动画；❸ 设置"动画时长"为0.5s，如图11-41所示。

步骤 10　复制该文本，修改相应的文字，在视频轨道中调整视频2中文本出现的时间，如图11-42所示。

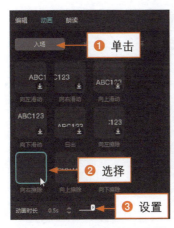
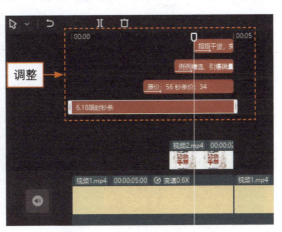

图11-41　添加动画并设置时长　　　图11-42　调整文本出现的时间

步骤11 调整视频2的层级显示,然后添加"放大"入场动画,然后在"本地"素材库中选择视频3和4,单击素材缩略图右下角的添加按钮,即可将导入的视频添加到视频轨道中,如图11-43所示。

步骤12 重复步骤1至10,为视频3和视频4添加相应的字幕,轨道面板如图11-44所示。

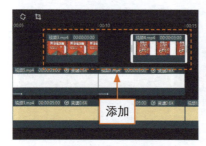

图11-43 添加视频3和视频4

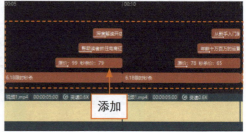

图11-44 为视频3和视频4添加字幕

(2)为视频添加背景音乐

如果看到其他背景音乐好听的视频,也可以将其保存到电脑中,并通过剪映来提取视频中的背景音乐,将其用到自己的视频中。下面介绍从视频文件中提取背景音乐的方法。

步骤01 ❶切换至"音频"功能区;❷单击"音频提取"选项卡;❸单击"导入素材"按钮,如图11-45所示。

步骤02 ❶在弹出"请选择媒体资源"对话框中选择相应的视频文件;❷单击"打开"按钮,如图11-46所示。

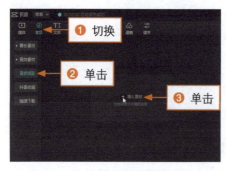

图11-45 单击"导入素材"按钮

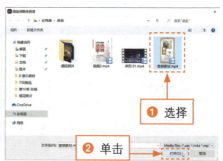

图11-46 单击"打开"按钮

步骤 03 执行操作后，即可导入视频素材，单击素材中的添加按钮⊕，如图11-47所示。

步骤 04 执行上述操作后，即可将"音频"功能区中提取的音频文件添加到音频轨道中，如图11-48所示。

图11-47 单击添加按钮　　　图11-48 添加音频

步骤 05 在视频轨道中选中音频，❶拖曳时间指示器至视频的末尾位置，❷单击"分割"按钮分割音频，如图11-49所示。

步骤 06 在视频轨道中选中音频的后半部分，单击"删除"按钮，即可删除选中的音频，效果如图11-50所示。

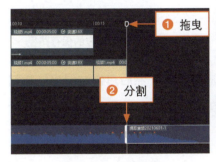

图11-49 分割音频　　　图11-50 删除选中的音频

步骤 07 在视频轨道中选中要选择的音频，在"音频"操作区中单击"基本"选项卡，设置"淡出时长"为2s，如图11-51所示。

步骤 08 执行上述操作后，即可设置音频淡出特效，预览视频效果并

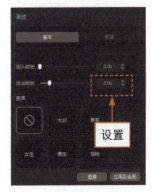

图11-51 设置"淡出时长"为2s

聆听背景声音，如图11-52所示。

步骤 09 完成视频剪辑等操作后，单击"导出"按钮，弹出"导出"对话框，设置"作品名称"为"11.2"，如图11-53所示。

步骤 10 单击"导出至"右侧的按钮，弹出"请选择导出路径"对话框，❶选择相应的保存路径；❷单击"选择文件夹"按钮确认，如图11-54所示。

图11-52 预览视频效果

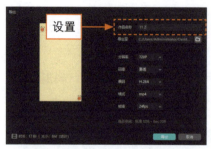

图11-53 输入视频的名称

图11-54 选择相应的保存路径

步骤 11 在"导出"面板中设置相应的参数，然后单击"导出"按钮，即可导出视频，视频最终效果如图11-55所示。

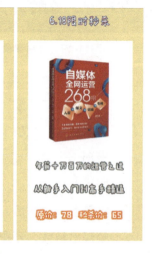

图11-55 最终效果

第 12 章

快手设计：
高点击主图制作

在快手小店中，如果主图设计得好就是网店页面中的"点睛之笔"，对于快手小店商家而言，商品主图优化是十分重要的营销手段，商品主图如果设计得漂亮，能够吸引不少流量。本章将介绍快手小店主图设计的一些相关知识。

▶扫码看教程◀

▶扫码看效果◀

12.1 主图设计：商品主图的基本要求

对于快手小店商家来说，图片的重要性不言而喻，商品质量是核心，不能打着价格低廉的幌子去欺骗消费者。同时，商品图片的关键不仅仅是美，必须要有唯一性，这才是能吸引消费者的关键。

本节将介绍一些设计快手小店中商品主图的基本要求，主图不但是装修画面中的一个重要组成部分，而且它比文字的表现力更直接、更快捷、更形象、更有效，可以让商品的信息传递更简洁。

12.1.1 紧抓消费者的需求

快手小店中的主图首先要紧抓消费者的需求，切忌一味追求"高大上"，并写一些看不懂的英文、韩文等符号，你要知道你的目标群体想看什么。有些店铺之所以无流量，不仅仅是因为商家的宝贝无展现、无排名，数据证明，很多时候是商家的主图已经被消费者看见，但就是无点击而已。

图12-1 紧抓消费者需求的主图设计示例

所以，一张好的主图需要主题清晰明确，紧抓消费者的需求，给他们点击的欲望，同时也能增加收藏量、加购量和转化率，如图12-1所示。

12.1.2 精练表达商品优势

商家不仅要紧抓消费者的需求，而且要精练表达，切忌详情絮絮叨叨，罗列堆砌相关卖点，如图12-2所示。

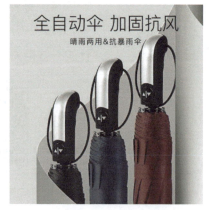

图12-2 精练表达商品优势的主图设计示例

12.2 设计技巧：9类热门主图的创作技巧

在快手小店的商品主图中，如何写文案才能吸引消费者点击呢？需要运营者考虑以下几点：利益吸引、数字展示、感情渲染、理想描述、对比策略、主动提问、震惊表达、事件借力、气氛渲染等。

12.2.1 利益吸引

"利益诱惑"比较适合低价产品或可以给出赠品或优惠的产品，如图12-3所示。例如，幼儿启蒙类产品可以在主图中放上"赠价值199元视频课"的内容，除此之外，其他的一些商品类型也适用，例如五谷杂粮送菜谱或粥谱等。

图12-3 "利益诱惑"的主图设计案例

12.2.2 数字展示

如"买1送1"，这种数字展示的主图设计比较适合中低端产品，内容会更加直观，如图12-4所示。再例如，月销10000件（大爆款），也是数字展示的典型案例。需要注意的是，文案中描述的销量数字与真实展现销量差距不要过于悬殊，不要你卖了1000单，你说月销量10000单，这样是肯定不行的。

图12-5所示是一个大容量充电宝的产品主图，其中包括2组数字，分别是30000毫安和109起，分别体现了该产品本身的优势和价格优势。

图12-4 数字展示的主图设计案例（1）　　图12-5 数字展示的主图设计案例（2）

12.2.3 感情渲染

主图可以"打感情战",用感情渲染抓住消费者的情感。图12-6所示为一个杯子产品的主图,非常适合作为生日、七夕情人节礼物等。通过暖色调的画面背景,一对恋人手牵手走在海边;再加上精致的商品图片,并配文"送你一杯子 暖你一辈子",能够有效地激发消费者的内心情感。

图12-6 感情渲染的主图设计案例(1)

图12-7所示为两个按摩器产品的主图,左图采用产品使用场景的拍摄形式,以一对母女作为背景,并配文"孝心好礼送爸妈",展现家人之间的温馨亲情,很有氛围感;右图则采用主体构图形式,让产品占据整个主图的视觉中心,虽然也可以突出产品,但缺乏感情渲染,表现力远远不如左图。

图12-7 感情渲染的主图设计案例(2)

12.2.4 理想描述

理想描述是指为消费者描绘一个理想蓝图。例如,卖丝袜产品的商家,可以在主图中说明"光腿、美肌、瘦腿",以上这些描述都是十分简单明了,能够直接抓住消费者的需求,如图12-8所示。

所以,理想型的描述文案要先确定好目标群体,然后找准他们的需求,只要抓住一个主卖点就可以。注意主图的优先级一定是先传达产品的使用效果，然后在详情中介绍其他的功效。

12.2.5 对比策略

通过与同类型商品进行对比，突出自己产品的质量、功能、价格、服务等优势特色。例如，家具产品的主图卖点"送货到家，包上楼，包安装""承重强，更稳固"等，如图12-9所示。

图12-8 理想描述的主图设计案例

这里需要注意：在主图上做对比，尽量不要用图片去做对比，空间太小。除此之外，还建议添加几句绝佳文案，但主图点进去的详情页要配套，作为主图卖点的解释。例如，产品采取高定价策略时，你的详情页可以阐述相对于市场标准，你比别人多付出了什么。

图12-9 在主图上突出产品优势

再例如，下面这款防晒霜产品，便在主图上进行了效果对比，一只手显示没涂防晒的肤色，另一只手显示涂完防晒的肤色，对比非常明显，能够有效地突显出产品的使用效果，如图12-10所示。

12.2.6 主动提问

对于快手小店这种视频类电商平台

图12-10 在主图上进行效果对比

来说,产品是否具有足够的吸引力,最好的答案其实就在消费者心中,因此商家要了解目标群体心底的想法,找到他们的痛点。

主图要想成功吸引消费者点击,就要学会主动提问,通过正确的提问方式获取你需要的信息——消费者心底潜在的想法,如图12-11所示。

图12-11 主动提问的主图示例

在设计问题时,传达的信息一定要准确,并且清楚地分配每个主图页面的具体作用,而做好这些工作的基础就是深度了解目标群体的取向和喜好,体现视觉信息的价值感。在主图传达问题的答案信息时,可以直接注明重要信息,并加上序号,起到突出强调的作用,值得注意的是,标注的信息要注重语言的提炼,注重核心信息点的传达,如图12-12所示。

图12-12 通过图文传递视觉价值

12.2.7 震惊表达

震惊表达主要是给消费者带来一种心灵上的震撼，时尚女装可以在主图上这样说"满大街撞衫，真是够了"；婴儿用品可以在主图上这样说"你的宝宝还在用有毒塑料吗？"；减肥茶可以在主图上这样说"不胖你别点"；大码男装在主图上写明"非胖勿点"，如图12-13所示。

图12-13　文案震惊表达的示例

12.2.8 事件借力

事件借力就是借助具有一定价值的新闻、事件，结合自身的产品特点进行宣传、推广，从而达到产品销售的目的的一种营销手段。运用事件营销引爆产品的

图12-14　通过事件借力的产品示例

关键就在于结合热点和时势。例如，快手中小黄鸭表情包开始风靡时，就有商家在快手小店上推出了同款产品，如图12-14所示。

事件借力的主图设计对于打造爆品十分有利，但是如果运用不当，也会产生一些不好的影响。因此，在事件借力中需要注意几个问题，如图12-15所示。

图12-15　事件借力的主图设计需要注意的问题

12.2.9　气氛渲染

气氛渲染是指通过对主图内部空间的组织来创作一种作用于消费者的影响力，消费者产生一种情感和心理上的变化，提高他们点击主图进入店铺的可能性。商家可以根据产品特点，对主图画面进行美化和强化，刻意营造出一种良好的购物气氛，刺激消费者的感官，进而激发他们的心理活动，推动其完成点击购买等决策过程。

图12-16　展示产品销量营造氛围

图12-16所示为一款皮蛋的主图设计，通过展示商品的火爆销量"爆卖106万件！"，营造出一种火热的销售氛围，提升消费者的购买情绪、购买欲望。

图12-17所示在主图上重点推出特价产品，并在文案部分写出"厂家直销击穿价格"，商家就是通过这种手段来营造出一种亏本卖的气氛，希望消费者看到后能够进入店铺，然后从消费者购买的其他商品中获利。

图12-17　展示"亏本促销"的气氛

12.3 主图实战：快手产品主图设计实战详解

主图设计在快手小店装修中占据了重要地位，本案例为某电脑品牌店铺设计的显示器商品主图，在制作的过程中使用充满科技感的背景图片进行修饰，添加了"赠品"促销方案，以及简单的广告词来突出产品优势。下面介绍制作显示器商品主图的具体步骤。

12.3.1 制作电脑主图的背景效果

主图中背景效果的制作非常重要，不仅奠定了整体的风格，也能够渲染气氛。下面介绍制作显示器主图背景效果的具体步骤。

步骤 01 单击"文件"|"打开"命令，打开"图像1.jpg"素材图像，如图12-18所示。

步骤 02 选取工具箱中的裁剪工具，在工具属性栏中的"选择预设长宽比或裁剪尺寸"列表框中选择"1∶1（方形）"选项，即可在图像编辑窗口中显示1∶1的方形裁剪框，然后调整图像的裁剪区域，如图12-19所示。

图12-18　打开素材图像

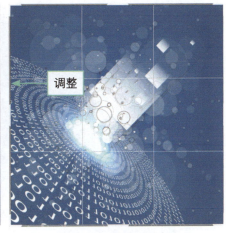

图12-19　调整裁剪区域

步骤 03 按【Enter】键确认裁剪操作，如图12-20所示。

步骤 04 在菜单栏中单击"图像"|"调整"|"亮度/对比度"命令，弹出"亮度/对比度"对话框，设置"亮度"为15、"对比度"为

100,单击"确定"按钮,增强主图背景的对比效果,效果如图12-21所示。

图12-20 裁剪图像　　　　图12-21 调整图像亮度和对比度

步骤 05 单击"文件"|"打开"命令,打开"图像2.jpg"素材图像,如图12-22所示。

步骤 06 运用移动工具将显示器图像拖曳至背景图像编辑窗口中,如图12-23所示。

图12-22 打开素材　　　　图12-23 拖曳至背景图像编辑窗口中

步骤 07 运用魔棒工具,在显示器图像的白色区域创建选区,按【Delete】键删除选区内的图形,按【Ctrl+D】组合键取消选区,如图12-24所示。

步骤 08 按【Ctrl+T】组合键调出变换控制框,单击"编辑"|"变

换"|"透视"命令，运用"透视"命令适当调整显示器图像的大小、角度和位置，使主体图像更加突出，如图12-25所示。

图12-24　取消选区

图12-25　透视图像

步骤 09　置入"图像3.psd"素材图像，并按【Enter】键确认，然后在图像编辑窗口调整该图像位置，适当调整其大小，如图12-26所示。

12.3.2 制作电脑主图的文字效果

图12-26　置入图像并调整图像的位置

在进行网店视觉设计时，文字的使用是非常广泛的。通过对文字进行编排与设计，不但能够更有效地表现活动主题，还可以使文字体现其引导价值。下面介绍为显示器主图制作文字效果的具体步骤。

步骤 01　新建"图层2"图层，运用多边形套索工具，在图像编辑窗口中创建一个多边形选区，如图12-27所示。

步骤 02　设置前景色为浅蓝色（RGB参数值分别为217、251、255），然后按【Alt+Delete】组合键为选区填充前景色，并按【Ctrl+D】组合键取消选区，如图12-28所示。

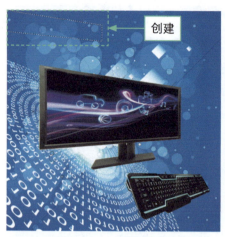
图12-27 创建选区

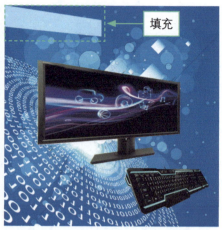
图12-28 填充选区

步骤 03 在"图层"面板中设置"图层2"图层的"不透明度"为80%，预览效果如图12-29所示。

步骤 04 在工具箱中选取横排文字工具，输入文字"24英寸IPS屏首选"，展开"字符"面板，在其中设置"字体"为"黑体""字体大小"为8点、"颜色"为黑色，激活"仿粗体"图标 T，在图像编辑窗口中调整文字的位置，预览效果如图12-30所示。

图12-29 调整图层透明度

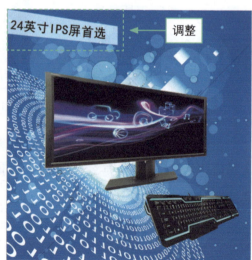
图12-30 预览效果

步骤 05 选中"24"文字,设置其"字体大小"为12点,效果如图12-31所示。

步骤 06 在"图层"面板中选中该文字图层,并双击文字图层,弹出"图层样式"对话框,选中"渐变叠加"复选框,如图12-32所示。

图12-31 预览效果

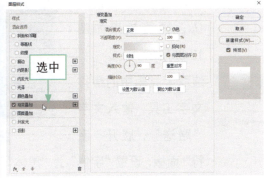

图12-32 选中"渐变叠加"复选框

步骤 07 切换至"渐变叠加"参数选项区,单击"点按可编辑渐变"按钮,选择"橙色"渐变组,在其中选中"橙色05"渐变块,然后单击"确定"按钮,执行操作后,即可为文字添加"渐变叠加"图层样式,预览效果如图12-33所示。

步骤 08 用以上同样的方法,为文字图层添加"描边"图层样式,设置"颜色"为红色(RGB参数255、0、0)、"大小"为1像素,如图12-34所示。

图12-33 预览效果

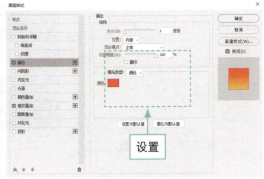

图12-34 设置描边参数

步骤 09 按【Ctrl+T】组合键调出变换控制框,适当调整文字图像的大小、角度和位置,然后按【Enter】键确认,预览效果如图12-35所示。

步骤 10 选取工具箱中的横排文字工具,输入文字"赠送",展开"字符"面板,设置"字体"为"黑体""字体大小"为16点、"颜色"为白色,激活"仿粗体"图标 T,如图12-36所示。

图12-35 预览效果

步骤 11 根据需要适当地调整文字的位置,并为文字添加"描边"和"投影"图层样式,至此完成显示器主图的设计,最终效果如图12-37所示。

图12-36 设置参数

图12-37 最终效果